中国航空工业史丛书·人物·史料资料

中国航空工业人物传·领导篇

2

中国航空工业史编修办公室 编

航空工业出版社
北京

内 容 提 要

本书介绍了中国航空工业创建时期的各企事业单位的创始人（共计76名）的生平、工作业绩和突出贡献，真实地记录了他们为中国航空工业发展而呕心沥血、殚精竭虑，有的甚至献出生命的光辉历程，他们是“航空报国”精神的开创者和传承者。

本书史料翔实、内容丰富，适合广大航空工业从业人员和关心中国航空工业发展的相关人员阅读。

图书在版编目（CIP）数据

中国航空工业人物传．领导篇．2／中国航空工业史编修办公室编．--北京：航空工业出版社，2012.11
（2019.1重印）
ISBN 978-7-5165-0090-3

Ⅰ．①中…　Ⅱ．①中…　Ⅲ．①航空航天人员—列传—中国②航空航天人员—领导人员—列传—中国　Ⅳ．①K826.16

中国版本图书馆CIP数据核字（2012）第245049号

中国航空工业人物传·领导篇2
Zhongguo Hangkong Gongye Renwu Zhuan · Lingdao Pian 2

航空工业出版社出版发行
（北京市朝阳区北苑2号院　100012）
发行部电话：010-84936597　010-84936343

三河市金轩印务有限公司印刷　　全国各地新华书店经售
2012年11月第1版　　2019年1月第2次印刷
开本：787×1092　1/16　　印张：14　　字数：291千字
印数：4001—4500　　定价：56.00元

总　　序

1951 年 4 月 17 日，中央军委、政务院颁发了《关于航空工业建设的决定》，新中国航空工业走过了整整 60 年的发展历程。

自 1910 年清政府在北京南苑设厂试造飞机到 1949 年新中国成立前，中国的航空工业整整 40 年没有建立起可称为独立产业的工业门类，基本限于简单的修理和机体制造，在国家的贫弱与动荡中艰难苟延。

建立一个完整强大并能与发达国家比肩的航空工业，一直是中国近代无数仁人志士、黎民百姓的呼号与夙愿。新中国成立不久，在抗美援朝的连天烽火与神州大地的百废待兴中，国家即决定建设和发展民族航空工业，并为此集中全国的优势力量支持。60 年的历程，中国航空工业大体经历了四个阶段：从 20 世纪 50 年代到 60 年代前期的初创与快速发展时期；从 60 年代中后期到 70 年代的波折与缓慢发展时期；从 80 年代到 20 世纪末的恢复与振兴发展时期；21 世纪前 10 年的崛起与跨越式发展时期。

2008 年，中国航空工业集团公司重组整合不久即做出决定，在 20 世纪 80 年代航空工业部组织纂修新中国航空工业史的基础上，全面续修中国航空工业史。这个具有历史性、前瞻性的决定，开启了大规模续修中国航空工业史的序幕。

面对这项历史性工程，林左鸣总经理强调这是航空工业的要事、盛举，要做到“无出其右”！在高建设副总经理的领导下，一批长期在航空工业工作、具有较强写作能力的同志参与了撰写。

这次续修中国航空工业史，是中国航空工业史上的一项浩繁的史料搜集整理工程、重大的文字工程和系统的文化工程，其规模将远远超过上一次的修史。作为一套系列丛书，总编撰与出版量将达百余部书籍，约千万字的容量。

这套丛书本着“尊重历史、史从实出、存真弃虚、功过俱修”的原则，力争留下经得起当代人推敲与后人检验的专史与信史。丛书将分为五个系列。

一、总史部分：将在上次纂修1949—1988年新中国航空工业史的基础上，续修其后20多年的行业史，包括航空航天工业部（1988—1993年航空工业部分），航空工业总公司（1993—1999年），中国航空工业第一集团公司、中国航空工业第二集团公司（1999—2008年，分修）的行业史。为完整反映中国航空工业发展历程，对从1910年中国航空工业萌芽时期起到1949年这一段的中国航空工业史补充编修。

与此同时，分别纂修这几个历史阶段的大事记和总纂中国航空工业60年大事记。

二、专业史部分：在上次纂修部分专业史的基础上，续修航空工业各专业史，补修上次尚未纂修的一些专业史。

三、专题史部分：全面纂修以各历史时期航空工业重点型号为主要内容的专题史。

四、企事业单位史部分：在上次组织纂修部分企事业单位史的基础上，续修后20多年企事业单位史，同时组织上次未修史的单位进行补修。

五、人物·史料资料部分：作为修史工程的一项重要内容，续修航空工业人物传和回忆录，以及航空工业的各种史料资料，如《中国航空工业老照片》、《百年航空史话》等。

以上五个系列既各有侧重，独立成书，从不同方面反映航空工业的发展历程，同时又互相衔接，互为印证，形成《中国航空工业史丛书》。

编修航空工业历史中所揭示出的规律和规律性认识，可以使我们看到中国航空工业前进的身影，听到它“咚咚”作响的脚步声，更会使我们善用前人留下的财富，增长推动新发展的智慧。当然，在更新的历史环境与更重大的历史使命下，我们也不可能从既往的历史中找到全部答案，这就需要我们奋力去进行新的开拓，在建设航空强国的征途中去创造新的历史。

中国航空工业史编修领导小组

2011年4月

目　　录

王西萍

王西萍（1914.12—1993），山东乐陵人，原航空工业局局长。1936年8月弃学从军，到西安参加张学良将军倡建的学兵队并秘密加入中国共产党。抗日战争时期，历任中共东北军工作委员会委员、军官支部书记，中共东北军51军党的工作委员会书记；中原局友军工作部秘书、驻鄂西北代表。在东北军工作期间，参加了震惊中外的“西安事变”；参加了台儿庄与淮河战役。受党的委派，在国民党军队中积极发展共产党员，建立秘密支部，努力开展上层统战工作。在中央统战部友军工作科任科员、科长；在中央机关总生产委员会任秘书，并被评为中央直属机关甲等劳动模范。解放战争时期，历任中共旅大地区党委常委兼秘书长、宣传部长，大连县县委书记兼县长，旅大区党委财经委员会委员，关东行署农业厅厅长。1949年春，随中国人民解放军第四野战军南下，任武汉警备区政治部秘书长，中南军区保卫部副部长、部长。新中国成立后，王西萍投身新中国航空工业的创建与发展。1952年8月任第二机械工业部航空工业局第一副局长，分党组书记，主持工作；1955年3月任航空工业局局长、第二机械工业部党组成员，部长助理。1963年调交通部工作。王西萍是中国共产党第七次全国代表大会代表，第六、第七届全国政协委员。1993年去世。

王西萍为奠定航空工业的基础做了大量的工作。在第二机械工业部党组的领导下，王西萍认真贯彻中共中央、国务院、中央军委关于航空工业建设的一系列方针政策，团结局分党组一班人，艰苦努力，提前完成了航空工业第一个五年计划，实现了由修理走向制造并开始向自行设计过渡，为航空工业的早期建设做出了重要贡献。

王西萍任职期间，航空工业先后建成和基本建成一批企业和学校。其中有：国营第112厂（现中航工业沈飞）等6个主机厂，西安飞机附件制造厂（现中航工业庆安）、西安航空发动机附件厂（现中航工业西控）等18个机载设备厂，1个修理厂和1所航空专科学校、8所中等航空专业学校。

王西萍任航空工业局局长期间，航空工业完成了从修理到制造的过渡。按照国家批准的航空工业第一个五年计划，1954年初教5飞机及其发动机研制成功；

1956年9月歼5飞机及其发动机研制成功；1959年超声速歼击机歼6及其发动机试制成功；自行设计的歼教1喷气教练机及初教6初级教练机也于1958年相继试飞成功；1958年还开辟了战术导弹的试制生产，为中国导弹事业的发展创造了重要条件。

王西萍十分重视航空科研事业。1954年12月与航空工业局副局长段子俊赴苏谈判，在莫斯科与苏联航空设计院院长探讨在中国建立航空科研机构问题。回国后又多次与苏联专家研究如何开展中国的航空科研建设。1955年5月，他主持航空工业局分党组扩大会议，研究科研设计问题。提出在科学研究、生产和人才培养三条战线同时展开的指导思想，并向二机部建议，抓紧建立航空科研机构，以改变我国科研落后的状况。1956年5月，他在给中共中央、毛泽东主席的《关于航空工业发展现状与今后的任务》的报告中，进一步分析了科研设计落后于生产的严重矛盾，提出利用已有条件，立即开展工作的具体措施和意见。1955—1957年，他主持建立了科研最急需的二机部6所（现中航工业航材院）、航空工艺与生产组织研究所（现中航工业制造所）和航空科学技术情报研究所（现中航工业发展中心）。1956年下半年开始，航空工业局先后在沈阳、南昌、南京及北京的航空工厂建立飞机、发动机、航空仪表和降落伞设计室。这些设计室后来都发展壮大为设计研究所。1958年前后，航空工业局分别在陕西、沈阳建立飞行试验、空气动力、飞机附件与航空电器的设计机构。同时在北京航空学院（简称北航）、南京航空学院（简称南航）建立航空科学研究室，一批工厂也建立产品设计室。到20世纪60年代初，航空工业共拥有科学研究所6个，产品设计研究所3个，厂、校属设计研究所（室）19个，职工近万名，科研设计人员数千人。在航空工业生产发展过程中，孕育出了科研设计机构的雏形，在中苏关系破裂后为中国航空工业走上独立自主发展道路提供了一定的基础条件。

为了早日填补中国轰炸机的空白，王西萍遵照周恩来总理的指示，赴苏联谈判，引进图-16轰炸机。1959年初，他组织国营伟建机器厂（现中航工业哈飞）和国营东安机械厂（现中航工业东安）承担图-16（中国型号轰6）的研制任务。1959年国庆前夕，使用苏制零件装配的第一架轰6飞机首飞成功。他还积极支持国营洪都机械厂（现中航工业洪都）通过仿制米格-19，开展强5飞机的研制。

1956年制订全国十二年科学技术发展规划时，出现了飞机与导弹之争，王西萍针对导弹与飞机的发展问题，曾多次向中央及有关领导反映，力陈两者不可偏废的正确见解。在国家科学技术发展规划中，喷气推进和火箭技术同时被列为重点项目。

王西萍十分珍视人才，能正确对待知识分子的出身和历史问题，特别对有一定工作经验的技术人员，敢于提拔重用，为航空工业延揽和培养了一批领导干部和技术骨干。

王西萍（前左三）和苏联专家在一起

1958 年，由于“左”倾错误的影响，航空产品质量受到严重冲击，特别是从 1958 年开始试制的米格 - 19 飞机（中国型号歼 6）和米 - 4 直升机（中国型号直 5）出现了严重的质量问题。王西萍较早地发现问题，并立即采取有力措施予以纠正，从 1959 年年初开始，航空工业局连续在南昌、哈尔滨、西安召开会议，强调质量第一是航空工业永远不可动摇的方针，要求恢复一切行之有效的规章制度。1960 年年初，他又带队下厂，具体指导质量整顿。

王西萍经历坎坷，在 1960 年召开的国防工业三级干部会议上，曾受到错误的批判和处理，以“国民党特务嫌疑”蒙冤被隔离审查两年多，1963 年重新分配工作。1963 年王西萍调交通部工作，在此期间，他以极大的热情投入到我国交通事业，主持和参加制订了全国公路建设规划及水运工业的规划和布局。1972—1982 年的 10 年间，他努力实现周恩来总理关于“三年改变港口面貌”的号召，大力推进全国交通系统的船舶修造工业。在他的领导下，先后建成了一批大中型船厂、船坞，改造了一些老船厂，使交通系统 10 年造船总量突破 200 万吨。改革开放以后，他力主开发建设蛇口工业区，对招商局的发展做出了重要贡献。

王西萍于 1993 年去世。

王 弼

王弼（1899.8—1977.8），江西永修人，原航空工业局副局长。1923年毕业于南昌第一师范学校，学习期间参加了学生运动和工人运动，同年加入共青团，1925年加入中国共产党。1925—1938年先后在莫斯科中山大学、列宁格勒空军地勤学校、莫斯科茹科夫斯基空军学院学习，曾任苏联空军少尉、上尉机械师和准校工程师、副科长、少校总检验师等职。1938年回国后历任新疆航空训练班党支部书记兼教员、18集团军工程学校校长、抗日军政大学（简称抗大）三分校训练部工程科主任、军事学校工程主任、俄文学校秘书长、中央军委作战部空军组组长、东北民主联军航空学校政委等职。1949年3月被任命为军委航空局政治委员，1951年6月任空军副司令员。1952年转业到第二机械工业部航空工业局任副局长、第三机械工业部顾问等职。王弼是中国人民政治协商会议第三、第四届全国委员会委员。1977年8月去世。

1949年8月10日，中央决定派刘亚楼、王弼、吕黎平3人组成代表团，赴苏联谈判关于筹建中国人民解放军空军问题。1949年11月，空军成立，王弼被任命为空军副政治委员兼空军工程部部长，1951年6月任空军副司令员。

在空军期间，王弼对空军成立与建设，尤其对航空工程机务工作建设，花费了许多心血，直接参加了组建新的航校和部队以及组织支援抗美援朝战争等工作。在建立航空修理网并转而为航空工业打基础方面，成绩显著。他负责航空工程机务工作的技术、组织与条例建设，保证了训练与作战飞行。他重用知识分子，重视技术工作，继承了延安时期鼓励优待技术干部的好传统，以适应空军这个高技术兵种的建设和作战要求。

1952年1月，王弼转业到地方，先后在二机部、一机部、三机部航空工业局任副局长及教育局局长等职，主管航空教育方面的工作，为航空事业培养出大批人才。他认为从事航空工业的人员，必须政治思想好，有文化、有技术，才能制造出好的飞机和航空产品。1951年11月4日，航空工程教育委员会在北京正式成立，王弼任副主任，到1952年8月23日，委员会拟订了飞机制造、飞机设计、发动机制造、发动机设计4个专业的教育计划；保送了700名优秀学生于1952年暑假进入航空系学习；完成了西南工业专科学校并入北京工业学院航空系工作；在南京成立华东航空学院；在北京成立北京航空学院。1952年8月28日，北京航空学院筹备委员会成立，王弼任主任委员。根据周恩来总理关于“办一所航空大学是应当的，需要的”指示，他积极建议将各大学航空系集中，办成几个独立航空学院，加速培养人才，并积极进行高等院校航空系的合并工作。为了使人才配套，王弼积极倡议筹建新的航空中等专业学校，到“文化大革命”前，航空工业先后办起了北京、沈阳、南昌、上海等15所航空中等专业学校，培养了4万多名毕业生。王弼还倡导各工厂开办技工学校，到“文化大革命”前，共培养出毕业生6万余名。

王弼深知办学必须有资金，而当时国家的财力、物力有限，所以他明确提出勤俭办学的原则，要少花钱、多办事。他提出办一所中专，给3个“30”，即30万元投资、30名教师、30台设备。为了办好学校，他不顾年高体弱、四处奔波，选择校址，筹建校舍，解决学生来源、教师配备、器材调拨及毕业生分配等问题，为航空教育事业做出了贡献。

1957年2月，王弼会同有关人员亲自深入四川、陕西等地，检查了中专、技校和工厂的教育及员工培训等工作情况。他发现西安航空技校勤俭办学的经验，及时向赵尔陆部长做了汇报，并积极推广西安航空技校的经验。5月30日《人民日报》以《穷学校能培养出好学生》为题报道了西安航空技校勤俭办学的经验。当时西安航空技校

王弼生活照

勤俭办学成为全国教育界的一面红旗，受到毛泽东主席的表扬，对当时中专、技校办学方向产生了很大的影响。

王弼对发展我国的航空降落伞事业付出了辛勤劳动。中国的降落伞生产，几乎是白手起家。1955 年初，航空工业局决定南京降落伞厂（现中航工业宏光）由王弼直接领导。王弼亲率工作组到厂工作，提出了集中力量生产 110 型降落伞的方针，并亲赴上海帮助解决特纺材料的生产与供货问题，还协助工厂制定了建议上级成立降落伞国家试放鉴定委员会等 5 项措施。这些措施大大鼓舞了全厂职工的士气，发挥了技术人员的积极作用，提高了工作效率，保证了产品质量。1955 年 11 月，工厂试造的 110 型和 112 型降落伞经上级组织试放、鉴定，双双获得成功。

王弼一贯重视产品质量和检查工作。1953 年，王弼负责抓检验处的工作。在王弼的主持下，健全了航空工业局检验处的组织机构，修改了检验工作条例，制定了工厂总装车间检验室的职责范围，制定了有关事故报告的规定。为了搞好航空产品质量，他还强调要开展场外调查，及时反馈部队使用情况。在“大跃进”年代大砍机构时，局机关撤销了检验处，王弼持反对意见。

“文化大革命”开始，王弼受到打击迫害。他虽年过七旬，身患重病，仍要下厂蹲点劳动。当时工厂一片混乱，产品质量低劣，他痛心疾首，忧心如焚。他沉痛地说：“质量不好，要自我毁灭。制造飞机，不像制造汽车，出了故障，可以停下来修理，飞机在空中出了故障，要机毁人亡。”他不顾重病缠身，写出上万言的建议书，提出质量是生产的核心。不合格的产品，生产得越多，浪费就越大。王弼至死不渝，坚持“质量第一”的精神，深受航空工业广大职工的尊崇和称颂。

1956 年，王弼参加全国十二年科学技术发展规划的制订，并担任航空组副组长。由于导弹的出现，当时有人认为飞机即将完成它的历史使命，势必要被导弹全部代替，因此主张在中国应全力投入火箭的研究试制。王弼坚持正确的主张，和徐昌裕等同志提出火箭与飞机必须同时进行，主要力量可以放在火箭方面，但应在生产飞机的基础上搞火箭。

1976 年 3 月，他向毛泽东主席、军委叶剑英副主席提出“组织各部门有造诣的航空技术专家，加强科技建设力量，组织生产高速度、高质量的飞机”的建议，以缩小我国飞机与国际水平的差距，表现出王弼对党、对航空事业的一片赤诚之心。

王弼于 1977 年 8 月去世。

刘正栋

刘正栋（1920. 10— ），江苏无锡人，东北军区军工部北满分部直属三厂（现哈尔滨东安发动机（集团）有限公司，简称中航工业东安）首任厂长。1937 年考入无锡公益铁工厂当工人，1938 年加入中国共产党。1940 年 6 月到陕甘宁根据地参加八路军，同年 12 月参加中共中央党校职工班进修学习，1942 年 8 月中共中央党校职工班结业后分配到茶坊兵工厂任厂部秘书，后任机工班长（车间主任）等职。解放战争初期，被中央职工运动委员会任命为第二中队队长，指定组织和集合第二批工人干部，后任东北军区军事工业部通化二道江兵工厂副厂长、集安兵工厂总厂副厂长兼机械厂厂长、军工部驻哈尔滨办事处技术室主任、东北军区军事工业部哈尔滨实验总厂厂长，1949 年 1 月任东北军区军工部北满分部直属三厂厂长、东北军区军工部第 21 厂（现中航工业东安）副厂长，1950 年 3 月调到东北军事工业局任计划处处长，后任第二机械工业部计划司副司长、第一机械工业部计划财务司副司长、第三机械工业部计划司司长、国防工业办公室六局局长、北京国防工业办公室科技组负责人、党委委员，第八机械工业部党组成员。1982 年离休。

1945 年 8 月，刘正栋到东北军区军事工业部任通化二道江兵工厂副厂长，接管通化发电厂，进行民主改造，后任集安兵工厂总厂副厂长兼机械厂厂长，突击生产手榴弹和复装八二迫击炮弹，有力地支援了解放战争。

1947 年 2 月，刘正栋调到哈尔滨任军工部驻哈尔滨办事处技术室主任，在掷弹筒演习中受重伤，失去了左手，被评为二等甲级伤残军人。受伤后，他始终抱着“身残志不残”的理念，与健全人一样，为革命、为建设而努力工作。1947 年 10 月东北军区军事工业部在哈尔滨成立，刘正栋奉命在哈尔滨组织地方民用工业从事军火生产、支援解放战争。1948 年 11 月，东北全境解放，刘正栋留在哈尔滨，执行军工企业的紧缩和组合，把分散在东北的十几个军工厂，全部搬迁到平房，组建两个大厂。

1949 年 1 月，军工部正式命名平房工厂为东北军区军工部北满分部直属三厂，任命刘正栋为第一任厂长，1949 年 10 月 1 日改名为东北军区军工部第 21 厂，任命马树良

刘正栋生活照

为厂长，刘正栋为副厂长。

1950年初，东北军事工业部改为东北军事工业局，同年3月，刘正栋调到东北军事工业局任计划处处长。1953年11月刘正栋调到二机部工作，任计划司副司长，主持国防工业生产计划工作。“一五”建设时期，刘正栋与其他组织军工生产的老同志一起，发扬自力更生、艰苦奋斗的延安精神，在新中国军事工业的建设中发挥了重大作用。1956年4月刘正栋作为二机部先进生产者代表，受到毛泽东主席和国家领导人的接见。

1958年2月，一届人大五次会议决定将一机部、二机部、机电工业部三个部合并，成立新的第一机械工业部，刘正栋被任命为计划财务司副司长。1960年9月中央批准新的第三机械工业部成立，刘正栋为计划司司长。

在国防工业建设的“调整、巩固、充实、提高”阶段，为了提高国防工业内部在尖端与尖端之间、尖端与常规之间、常规与常规之间建设速度，要做好与各军兵种的建设直接相关的综合平衡工作，刘正栋提出：要解决军兵种需要与国防工业之间的矛盾，必须在国家给国防工业的控制指标与军队需要军事装备之间做好综合平衡工作，即要成立一个小的机构，如同国务院“三办”一样，在国家计划与军队需要之间事先做好综合平衡工作，即周恩来总理提出在国务院设立一个“口”——国防工业办公室。1961年11月8日国务院国防工业办公室正式成立，1963年11月周恩来总理签署任命刘正栋为国防工业办公室六局局长。

根据国家战略部署进行三线建设期间，刘正栋被下放到贵州011基地，分配在生产组，负责整个基地的生产组织管理，参加并组织了歼6Ⅲ飞机试制的全过程，组织排除质量故障，为歼6Ⅲ飞机解决“掉铆钉、烧机尾”等重大技术攻关问题做出了贡献。

1973年7月，刘正栋回到北京国防工业办公室，任科技组负责人、党委委员。在此期间，刘正栋阅读和研究有关资料，学习和掌握战术导弹有关知识，1974年8月草拟了《关于成立战术导弹工业部建议》，1974年12月写出“我国战术导弹工业的分析报告”，先后撰写《战术导弹的发展和应用》《精确制导武器及其时代意义》等文章在杂志发表。

1975年7月，国务院、中央军委发文成立导弹工业总局（对外称第八机械工业总局），7月26日国防工办党组决定，刘正栋为导弹总局筹备组负责人之一。1979年第八机械工业总局升级为第八机械工业部，刘正栋为第八机械工业部党组成员。1981年9月，五届全国人大常委会第二十次会议决定第八机械工业部与第七机械工业部合并，10月刘正栋回到国务院国防工业办公室工作，1982年离休。

吴运铎

吴运铎（1916.12—1991.5），湖北武汉人，株洲兵工厂（现中国南方航空工业（集团）有限公司，简称中航工业南方）第一任厂长。吴运铎幼年流落到江西萍乡，早年曾在安源煤矿当矿工。全国抗战爆发后，吴运铎不远千里，奔向皖南云岭，1938年参加新四军，1939年加入中国共产党。历任新四军司令部修械所车间主任，淮南根据地子弹厂厂长、军工部副部长，华中军工处炮弹厂厂长，大连联合兵工企业引信厂厂长，1950年5月任株洲兵工厂第一任厂长，中南兵工局第二副局长，包头兵工厂副厂长兼总工程师、火炮研究所所长、兵器科学院副院长、机械科学研究院副总工程师，第五机械工业部科学研究院副院长、顾问等职。是第一届全国人大代表，全国总工会第八、第九、第十届执行委员，第三届共青团中央委员。1951年10月，中央人民政府政务院和全国总工会授予吴运铎全国劳动模范称号，邀请他到北京参加国庆观礼。2009年新中国成立60周年之际，被追授“为新中国成立做出突出贡献的英雄模范人物”。著有自传体小说《把一切献给党》。1984年离休，1991年5月去世。

吴运铎1938年参加革命，从事武器的研制工作，是我军兵器事业的开拓者。他创建了我军第一个军械修造车间，成功地制造出第一批新式步枪。抗日战争中，他先后在新四军二师军械制造厂和新四军兵工厂担任技术员、副厂长和厂长。当时条件十分困难，一无资料，二无材料，为了供应前方的军需，他毅然挑起了重担，用简陋的设备研制出杀伤力很强的枪榴弹和发射架，在抗日战场上发挥了消灭敌人的作用。为研制子弹，在敌人重重封锁下，找不到火药原料，吴运铎想方设法将红头火柴的头刮下来，用酒精泡开，制成火药。没有酒精，就用老烧酒蒸馏后代替酒精使用。因为火柴头爆炸力太强，他就将锅灶上的烟锅子掺在一起，配成合用的火药。后来红头火柴用量大，根据地供应不上，就从药店里买来雄黄和洋硝，混合配制，解决了难题。制造弹头的材料缺乏，他就试着把铅熔化注入模型，做子弹头。但铅经不住高热，步枪有炸毁的危险，后改用铜元，放在弹头钢模里压成空筒，做成尖头的子弹头，里面灌上铅，才试验成功。为制造军工机床，他组织大家利用废钢铁，加工成各种简易的机床，装备了军工厂，突破了难题。吴运铎先后发明、制造了各种地雷和手榴弹。在条件极端艰难困苦的状况下，军工厂修复了大量枪械。吴运铎还主持设计研制成功枪榴筒，参与设计制造 37 毫米平射炮以及定时、踏火等各种地雷，为提高部队战斗力做出了重要贡献。

1950 年 9 月 24 日吴运铎在株洲兵工厂留影

为试制各种弹药，吴运铎先后数次严重负伤，砸坏了左腿，炸断 4 根手指，炸瞎了左眼，身上留下了大大小小的伤疤，经过 20 余次手术，身上还留有几十处弹片没有取出，仍以顽强毅力战胜伤残，坚持战斗在生产第一线。他说：“只要我活着一天，我一定为党为人民工作一天。”1951 年 10 月，中央人民政府政务院和全国总工会授予他全国劳动模范称号，邀请他到北京参加国庆观礼。10 月 5 日，《人民日报》发表专题报道《钢铁是这样炼成的——介绍中国的“保尔 · 柯察金”兵工功臣吴运铎》，从此“中国的保尔——吴运铎”的名字传遍祖国大地。

1950 年 5 月，吴运铎从苏联治病、学习回来后，时任重工业部部长的何长工指示他去湖南接管原国民党十一兵工厂，担任株洲兵工厂第一任厂长。吴运铎到任后，果断打击了国民党潜伏人员，平息了较乱的局面，稳定了职工队伍，在不到一年的时间里，他组织职工修建了临时厂房、宿舍、仓库和食堂等建筑，完成了 25000 米^2 的基建任务，利用破旧机器设备和厂房组织生产，到 1951 年 4 月，工厂已形成了月产 10 万发炮弹的生产能力，为新中国的兵器工业做出了贡献。1950 年 12 月，吴运铎调离工厂，任中南兵工局副局长。

1954—1965 年，吴运铎主持了无后坐力炮、高射炮、迫击炮和轻武器等多项重大课题研究，取得了重大成果，并且为国家培养了一批年青的兵工专家，为国防现代化和改善我军装备做出了贡献。

吴运铎在中国共产党领导的人民革命斗争中，数次严重负伤，在手足伤残、左眼失明的情况下仍奋斗不息，被誉为“中国的保尔 · 柯察金”。他撰写的自传《把一切献给党》，出版了 1000 万册，不仅在我国多次再版，教育影响了几代人，而且被译成俄、英、日等多种文本，在世界各地广为流传。

2007 年 10 月 1 日，南方公司精心制作的吴运铎铜像矗立在工厂科技中心，在吴运铎铜像前，干部职工隆重集会，深切缅怀这位为国防工业建设倾注诸多心血的第一任厂长和把一生都献给了党的英雄。

王世贤

王世贤（1903—1954），河南人，华东军区军需部杭州降落伞厂（现南京宏光空降装备有限公司，简称中航工业宏光）首任厂长。1930年参加革命，1934年10月随红军参加了举世闻名的两万五千里长征，后参加抗日战争和解放战争。1947年成立华东军区，任某团政治委员，配合华东野战军参加了莱芜、泰蒙、孟良崮等战役，荣立战功。1950年任华东军区军需部杭州降落伞厂筹建组组长，1951年4月任南京降落伞厂（现中航工业宏光）厂长。1954年初任四机部局长。1954年去世。

1950年为适应抗美援朝战争需要和空军装备配套，华东军区军需部派遣工作组前往杭州筹建降落伞厂，王世贤任组长。1951年4月23日，重工业部航空工业局局长段子俊签署命令，在杭州成立降落伞厂，王世贤任厂长。同年6月，降落伞厂由杭州迁往南京，王世贤组织干部员工对南京原空军22厂的厂房进行改造建设，形成面积约1500米^{2}适于降落伞制造的厂房，并通过重工业局向苏联购买了40多台工业缝纫机，初步形成了年产1000～1500具救生降落伞的加工规模。

建厂之初，百废待兴，王世贤在航空工业局领导下，带领干部职工采取“边准备、边兴建、边开工、边生产”的方针，在开荒建厂的同时即开始了生产准备。从1951年底，王世贤边学边干，带领“两航起义”的技术人员按苏制样品、技术图样等开始了复制国产第一批110型低速救生降落伞的艰辛工作。当时，工程技术人员匮乏，加之降落伞是一种小市场产品，技术人员不仅国内没有，就是在国际上也不超过50人。面对困难，王世贤并没有被吓倒，而是迎难而上，积极投身到技术资料的消化上。在王世贤的带动下，“两航起义”的技术人员，全身心地投入到复制工作中。经过近10个月的不懈努力，1952年工厂制造出110型救生降落伞13具，经空军试用认可，转入批生产，为苏式米格－15比斯喷气式歼击机配套使用，这是新中国最早问世的救生降落伞，也是中国天空使用的第一批由中国人自己制造的降落伞，至此在王世贤的带领下新中国的空降空投事业走上了一条自力更生、自我发展的道路。

1952—1953年，110型救生伞共生产2358具。1953年秋，工厂在试放中发现大批伞衣破损的质量事故，被迫停产整顿。王世贤心急如焚，整夜思考解决问题的办法，在苏联产品的启示下，王世贤提出在110伞上增加伞衣套以改善开伞程序，降低伞衣破损率，经试验成功后改型为110A型救生伞。1956年后，在苏联专家指导下，工厂技术员又改型成功110M型飞行员救生伞和1002M型观察员救生伞。到1958年，工厂先后试制成功8型救生伞。1959年，工厂深入西藏地区试验，克服高山恶劣气候，研制成功适应青藏高原的110－2型救生伞，为西藏平叛做出了贡献。

1953年我国进入发展国民经济的第一个五年计划初期，工厂在生产110型救生伞的同时，又开始对112型伞兵伞和113型备份伞组织仿制。为适应生产发展需要，王世贤向上级提出增加人员、扩大办厂规模的申请。1953年8月，南京市委派来5名管理干部；12月，王世贤亲自到航空工业局接收了120名空军转业干部和地方选送的14名科级干部，至此，形成了13科、3个室、2个车间，全厂职工465人，科以上干部25人的规模化工厂。与此同时，经上级批准工厂进行了第一次扩建，先后建成4330米^{2}的生产厂房和10836米^{2}的生活福利设施，初步改善了生产和职工生活条件，建成了生产生活设施较为齐全、科研生产体系较为完善的真正意义上新中国第一所空降空投研发制造场所。

1953年之前，由于受技术和条件的制约，我国无法生产供降落伞制造使用的K字绸、亚麻、软管等材料，严重制约了降落伞的制造，王世贤一边通过从苏联购买材料进行科研、生产，一边积极与上海绸织厂联系协调，组织科研技术人员与绸织厂有关人员进行技术攻关，经过反复试验和对比验证，于1953年秋季基本实现了批生产伞具的材料国产化。为保证材料的稳定性，王世贤又组织了原材料体系的编制工作，初步搭建起了适用于新中国空降装备的航空织造体系雏形，为日后我国特种织造业的建立进行了非常重要的尝试。

1954年初王世贤调四机部，任局长。由于战争年代遗留的枪弹伤复发，不久在北京去世。

邓永清

邓永清（1921—1998.1），江苏铜山人，国营第511厂（现金城集团有限公司，简称中航工业金城）首任党委书记兼厂长；南京航空工业专科学校（现南京航空航天大学）首任校长；航空工艺与生产组织研究所（现北京航空制造工程研究所，简称中航工业制造所）首任所长。邓永清1938年8月参加革命，1939年1月加入中国共产党。抗日战争时期，历任八路军陇海南进支队连指导员、独立营政委，新四军26团指导员、参谋，淮北泗宿独立团宣传股股长。解放战争时期，历任新四军6纵队48团宣传股股长、24军军部副科长、华东野战军第八兵团后勤部宣传科科长、上海空军接管部学习大队政委等职。新中国成立后，任华东空军机务处副政委；1950年8月任空军21厂（现中航工业金城）政委；1951年5月任国营第511厂党委书记兼厂长；1952年9月任南京航空工业专科学校校长兼511厂厂长；1956年9月任南京航空学院副院长、党委副书记；1957年7月任航空工艺与生产组织研究所所长；1959年任第三机械工业部教育局副局长。从1963年10月起，历任第六机械工业部教育局副局长、局长，第六机械工业部科教组第二组长，科技局局长，部党组成员，1979年1月任第六机械工业部副部长。1986年1月离休，1998年1月去世。

1950年8月，空军21厂迁至南京明故宫机场，时任21厂政委的邓永清接到迁厂任务后，组织干部对如何完成搬迁任务进行了认真的讨论，并牵头成立了宁沪两地迁建指挥部。自8月16日开始启运第一批物资起，至9月8日最后一批物资搬迁到位，在短短20余天时间里，共搬运包括航空器材、车辆家具及其他物件总重量约2000吨，运送职工、家属700余人。

邓永清组织完成空军21工厂迁至南京明故宫机场后，又奉命组织扩建华东中心修理工厂。1950年10月，新工厂按上级要求重建了组织机构，职工人数由迁厂时的496人增至662人。生产设备由迁建初期的15台增至168台，兴建工作棚场5个，其他厂房、宿舍130余所。

1951年5月工厂奉命移交给重工业部航空工业局领导，并改名为国营第511厂，邓永清任党委书记兼厂长。国营第511厂承担修理54号和55号两型航空发动机的任务，并将工厂改建为适应两型航空发动机任务为主的专业修理厂。自1949年6月至1952年底，工厂经历了接管、创建、迁厂建厂，成为一个综合性修理工厂，共完成飞机修理26架，发动机修理145台，航空附件43项2139件，特种设备46项41822件，邓永清为此做出了重大贡献。

1951年9月，航空工业局决定将工厂转为航空工业技术学校的实习工厂。11月，根据重工业部航空工业局的指示，在工厂成立了南京学校建校委员会，由邓永清兼任委员会主任。1952年6月，学校正式定名为南京航空工业专科学校，9月邓永清被正式任命为学校校长兼工厂厂长。邓永清在非常艰难的条件下，身先士卒、勤奋工作，带领广大教工和第一届解放军学员，发扬抗大精神，贯彻“边建设、边招生”的方针，用了短短一年时间，于1952年10月18日学校建成，正式开学。

邓永清既是厂长也是校长。在办好工厂的同时，他十分重视学校的发展，大力倡导“尊师、重教、爱生”和“学校以教学为主体，一切工作为教学服务”的办学思想。他还把工厂严密计划、分工合作、加强组织纪律性、严格督促检查的工作作风带到学校，并成为南京航空工业专科学校的优良传统。

1956年4月，根据教育部的决定，学校升格为本科院校，改名为南京航空学院，同年9月8日，邓永清被任命为南京航空学院副院长。1957年1月任学院党委副书记。从1952年到1957年，南航为航空工业培养输送了近1500名高级科技人才，缓解了当时航空工业建设对人才迫切需要的问题。

1957年7月，航空工艺与生产组织研究所在北京成立，邓永清出任首任所长。为开创航空工艺研究，邓永清与上级领导商议，认真谋划，一方面计划派遣科技人员去苏联的航空工艺与生产组织研究院学习，另一方面组织科技人员分赴航空工厂锻炼，开阔眼界，让科技人员从实践中寻找任务，尽快开展研究工作。

在邓永清的领导下，研究所的科技人员利用航空工业现有条件，协助解决一系列仿制生产中的工艺技术问题，并围绕新机研制中提出的新工艺、新技术和生产关键开展课题研究。1958年，研究所有10个研究项目用于生产，到1959年完成研究项目28项。

这个时期，航空工业局下达《研制钢筋混凝土的装配型架立柱和底座》研究课题任务，由研究所飞机工艺室和标准化室共同负责，国营伟建机器厂（现中航工业哈飞）参加。课题组在分析型架的铸铁立柱和底座的强度、刚度及其承载性能的基础上，设计制造了钢筋混凝土立柱和底座，经强度试验，证明可以满足装配型架的技术要求。1958年，伟建机器厂将钢筋混凝土立柱和底座用于直5飞机的装配型架，经生产试验考验，证明研制的这种立柱和底座能广泛代替型架上原来使用的铸铁件和焊接件。该研究成果编成的技术指导文件，当时在各飞机制造厂和北京航空学院试制厂得到广泛的推广和应用，节省了大量金属材料，能够降低制造成本达80%。在邓永清的多方协调下，研究所组织有关工厂的技术人员与所技术人员设计制定了机床虎钳、卡盘、弹簧夹具、分度台、钻模等33种航空工艺装配标准，与此同时，还组织有关工厂的产品设计人员共同制定了第一批航空工业产品基础标准76种，为逐步完善和统一全行业标准做出了重大贡献。

按照“边建设边搞科研”的精神，根据上级单位要求，邓永清组织编制了制造所五年规划。在规划初步设计中，提出了研究改进冷加工工艺、编制高效率工艺程序、设计专用设备仪器等，在研究方向上，主要对飞机、发动机、仪表附件生产方面，综合工业工艺和航空生产机械化、生产组织与经济方面，工艺装备与工具标准化、规格化方面，以及综合研究、制造专业化设备设计和试验工作等进行了具体安排。

1959年邓永清调离第一机械工业部第9研究所（现中航工业制造所），任第三机械工业部教育局副局长，第六机械工业部教育局副局长、局长、副部长、党组成员。1986年1月离休，1998年1月去世。

熊 焰

熊焰（1919.1—1996.3），湖北大冶人，国营第112厂（沈阳飞机工业（集团）有限公司，简称中航工业沈飞）首任厂长；中国飞行试验研究院（简称试飞院）首任院长。1938年参加革命，1939年1月加入中国共产党。1939年在延安抗日军政大学学习，同年3月任延安航空机械学校物理教员，7月任延安军事学院物理教员，1944年11月任抗日军政大学数学及地形学教员。1946年10月任张家口航空站机场勤务科科长，同年随航空站到东北，先后任哈尔滨酒精厂厂长，东安航校机务科科长、修理厂副厂长等职。1948年11月任东北人民解放军航空学校机务处第三厂厂长。1949年调任该校机务处第五厂厂长。1951年6月任国营第112厂首任厂长，1952年7月改任第一副厂长兼总工程师，1956年6月任副厂长兼总工艺师。1958年8月，奉命组建飞行试验研究院，被任命为首任院长。1970年10月调往上海担任“708”工程设计组组长、办公室主任。1983年离休，1996年3月去世。

1948年11月初，熊焰接到沈阳军事管制委员会的命令，负责接收东塔飞机场（原满洲飞机制造株式会社）。熊焰带队进驻后，将该机场改名为东北人民解放军航空学校机务处第三厂（后称空军三厂）。10多天的招工和整顿，能生产的机床都开动了起来，工人有了活干，个个喜气洋洋。

1949年，为尽快将北陵机场组建成飞机修理厂，熊焰再次受命，组织接收了北陵机场，并在北陵机场建立了东北航校机务处第五厂（后改称空军工程部东北修理总厂第五厂，现中航工业沈飞）任厂长。该厂当年修复了第一架美式P－51“野马”式战斗机，到1949年底，共修复30多架P－51飞机。1950年抗美援朝开始，熊焰领导工厂经过3个月的日夜苦战，完成了从苏联购置的100架米格－15喷气机的组装任务，使中国空军拥有了第一批喷气式飞机。接着，又完成了空军司令员刘亚楼亲自交办的3027对副油箱的生产任务，并保证了赴朝作战受损飞机的及时修理。

1951年6月29日，国营第112厂在抗美援朝的烽火中诞生。熊焰由空军第五厂厂长转任112厂厂长。当时，全厂有职工697人，占地面积30多万米^2。其中建筑面积近5万米^2，设备232台。在生产技术条件非常薄弱的情况下，熊焰带领职工战胜了困难，出色地完成了雅克－11教练机、米格－9和米格－15等几百架飞机的修理和几千台副油箱制造任务，并在苏联专家指导下，试制成功了米格－15飞机的前起落架和拉－9飞机的机翼，在掌握制造技术上实现了重大突破。为此，航空工业局予以工厂通令嘉奖。

1952年7月，熊焰根据航空工业局提出的“熟练修理技术，加强配件制造能力”的工作方针，贯彻执行总工程师顾问的建议，使工厂逐步由大修走向制造的轨道。到1952年底，共试制了63项米格－15飞机组合件，并完成了3034件空军零备件订货任务，为试制整机打下了基础。

1953年5月，工厂被列为苏联援建的156项重点工程之一，开始了我国第一个飞机制造厂的大规模基本建设和米格－17Φ飞机的试制工作。在米格－17Φ飞机试制中，熊焰主管全厂的技术工作。当时生产准备是新飞机试制的一大难题，大部分工装是苏联提供的，全部要进行清理、检查、对合，有的要经过检修才能投产使用，缺的工装要自行补制，大量的技术资料要翻译、校对，这些都在熊焰的领导下紧张而有序地进行。特别是许多重要的技术文件、图样，他逐页、逐张审查批准。

在中共中央和上级领导的关怀及全国的支援下，经熊焰等厂领导的周密组织和全厂职工的艰苦拼搏，我国第一架喷气式歼击机（歼5）比国家计划提前1年零4个月，于1956年7月首飞成功，受到党中央、国务院的嘉奖。

1958年8月，一机部航空工业局抽调熊焰负责飞行试验研究院的筹备工作。1959年夏，以熊焰为负责人的筹建组到阎良与空军11航校签订了移交协议，完成了飞行试验研究院原址的交接工作。

空军11航校留下的为数不多的基建设施，根本无法满足飞行试验的需要。于是，建设工作一开始，熊焰就带领大家主抓非标准设备建设，因为非标准试验设备无处购买，也无订货渠道，只有自己制造。要制造非标准设备，首先就得要有设备的生产图样。研究院从来院工作的大学生、中专生中物色设计人员，并组建了非标准设备设计室。该设计室组建后，先后设计制造了空中弹射试验机、操纵系统试验台、燃油试车台、推力测量台、各种地面试车台、各种系统试验台等140余台（套）设备及各种研究试验用的工具。

科研试飞是一项比飞行复杂得多、风险性更大的探索性工作，而国内试飞员培训市场空缺。于是，熊焰等领导提出自己培养试飞员！通过飞行试验，飞行员对科研人员制定的试飞大纲要求的飞行动作不断练习，直到能够执行试飞任务，这就从实践中培养出一批试飞员。这些试飞员不仅要按空军的要求来训练，达到几种飞行气象标准，还要编出试飞员的训练大纲、训练科目、训练起落，以适应飞行研究院试飞员的特殊驾驶技术需求。

熊焰（右四）在苏联共青城

建院初期，许多技术骨干忙于行政工作而在技术上落伍。为了让这部分人能够跟上技术需求的步伐，院里决定让这些同志留职下放到有关专业组参加具体课题。经过一年左右的基层实践，这些人员再回到行政岗位上时已经如鱼得水了。

建院初期，试飞院使用的测试仪器大多是从苏联进口的。1960 年年底，试飞院组建实验仪器配置实验室，承担试飞测试仪器的研制任务。根据熊焰提出的“要技术练兵，先测绘仿制，逐步走向自行设计”的指示，开始了我国试飞测试仪器的研制工作。

1965 年 5 月，熊焰决定测绘研制当时先进的 K12 – 21 飞机光学示波器，1966 年，K12 – 21 光学示波器批量生产，解决了当时试飞测试仪器严重不足的矛盾。为了替代自记器、光学示波器等容量小、精度低的机载测试设备，1965 年 2 月熊焰组织召开专题会议，决定集中全所技术力量研制先进的磁记录设备。1965 年底，我国第一台用于飞机飞行试验的机载数码式磁记录系统研制出样机，1966 年开始试飞。经改进改型后于 1971 年生产出正式产品，1972 年 8 月鉴定后交付试飞使用。它是我国自行研制的第一代航空机载测试系统，为以后试飞测试系统的研制奠定了坚实的基础。

1970 年 10 月，熊焰被调往上海担任“708”工程的领导工作，主持运 10 飞机的研制。熊焰以科学求实态度探索了我国第一架民用客机的研制、试飞，他无论是从技术上还是组织上都做了许多关键性的工作，充分展示了他的专业才华和顽强的革命意志。

熊焰是我国航空工业有突出贡献的专家，是国务院政府特殊津贴享受者。1983 年离休，1996 年 3 月去世。

张世修

张世修（1911.3— ），河北安国人，国营第112厂（沈阳飞机工业（集团）有限公司，简称中航工业沈飞）首任党总支书记。1937年10月参加冀中人民保卫军，先后任代司务长、特种兵连队文书。1938年8月加入中国共产党。1939年3月—1940年1月，在河北抗日大学二分校学习，此后在冀中八分区任连副指导员、指导员，县支队宣教干事，作战科副科长、科长，蒙民支队副政委、团政治处主任等职。抗日战争时期，1942年在“五一”反扫荡中因战绩显著被授予一枚银质奖章。华北和东北解放后，又被授予荣誉证章一枚、解放纪念章二枚。1950年6月任东北人民解放军航空学校机务处第五厂第一任党总支书记，1951年6月任国营第112厂党总支书记。1951年12月奉调离厂，先后任沈阳机械厂党总支书记、中共沈阳市委党校副处长、沈阳通用机械厂党委书记、沈阳市委干部学校处长等职。1977年12月离休。

1951年6月29日，国营第112厂正式成立，张世修被任命为党总支书记。工厂建立了党的组织并设总支部委员会，其主要职责是贯彻执行党的组织路线，加强党的组织建设，具体负责管理党员和干部。当时，党总支办公室只有工作人员3名——副总支书记和2名干事，没有专职办公室主任。

建厂初期的党总支，要负责全厂党的工作，对行政实行保证监督，并领导以党、政、工、团负责人和工人代表为成员的管理委员会，讨论决定一切重大问题。

工厂创建伊始，空军就有大批飞机、发动机亟待修理。但因工厂规模很小，而且技术陈旧，设备也不配套，生产能力严重不足。所以，抓紧基本建设、安装机床设备、壮大职工队伍、迅速形成修理能力、满足空军作战需要，并为今后的发展创造物质条件，是当时最为紧迫的任务。然而，由于日本侵略者和国民党的破坏，工厂遭受的损失严重，重要设备被抢劫盗卖一空，解放后空军接收的时间又很短，因此修复和扩建的工作非常艰巨。

尽管如此，党和政府对航空工业的建设发展给予了极大的关怀。党中央、政务院发出“全国支援航空工业建设的决定”，周恩来总理指出，中国航空工业的建设道路，是先搞修理，再由修理发展到制造。在党和国家“要物给物，要人给人”政策的支持下，大大加快了工厂的建设进程。

张世修作为总支书记立即组织厂内干部、职工开展迎接支援工作。从全国四面八方来的职工，来到工厂后住在条件极差的旧平房和临时工棚里，外面下大雨，里面下小雨，生活非常艰苦。他组织工厂领导研究决定，第一期修建工程，首先是抢修旧宿舍和部分厂房，解决水、电、路三通问题，为安排好职工生活和迅速修理飞机提供了基本条件。并安排除组织一部分对机床设备较熟悉、技术水平较高的技术人员、老工人负责抢修急需的及损坏较轻的飞机外，其余大部分人员都投入第一期修建工程。

1951 年，工厂成立之时，正值全国镇压反革命运动形成高潮时期，在紧张的建设中，工厂党总支开展了强有力的思想政治工作，运动中逮捕了 9 名反革命分子，先后开除和解雇了一部分危害分子，纯洁了职工队伍。张世修带领党总支及时掌握职工思想动态，认真宣传党的政策，并结合当时的政治运动，针对干部、职工来自全国各行各业和大城市的特点，他在职工中认真组织开展了“加强职工队伍团结，勇于做一个航空事业的开拓者”和艰苦创业的教育，激励大家的光荣感、事业心和团结奋斗精神。在做好思想政治工作的同时，厂党总支在他的带领下，积极与中共沈阳市委、市政府有关部门协调沟通，得到了市里的大力支持，妥善解决了职工家属住宿、医疗、子女上学等生活问题，使他们切身感受到社会主义制度的优越性。

1951 年 10 月 31 日，航空工业局通知，将东北各航空工厂的企业工作标准由原来的三类改为二类，企业津贴也由原来的 5% 改为 10%。张世修立即组织召开党总支会议，决定工厂从 11 月 1 日起实行这一标准，鼓舞了广大职工参加航空工业建设的积极性。

1951 年 12 月，张世修因工作需要调离工厂，先后任沈阳机械厂党总支书记、中共沈阳市委党校副处长、沈阳通用机械厂党委书记、沈阳市委干部学校处长等职，1977 年 12 月离休。

吴继周

吴继周（1915.2—1990.1），江西萍乡人，国营第321厂（后更名为国营第320厂，现江西洪都航空工业（集团）有限责任公司，简称中航工业洪都）首任党委书记兼厂长。1931年到北平读高中，后进入清华大学机械工程系学习，1936年加入中国共产党。后加入中华民族先锋队，先后任民族先锋队小队长、大队长、西郊区队长，清华大学党支部书记。1937年吴继周进入长沙临时大学文学院学习，1938年后任长沙市市委委员、区委书记，湘鄂赣特委宣传部部长、中心县委书记、特委代理书记。1941年起吴继周先后进入延安马列学院、中央党校一部学习，并出席了中共七大。在东北工作期间，历任中共沈阳市市委委员、沈阳市大东区区委书记，浦河总区区委书记，沈、铁、抚联合县委书记兼县保安团政治委员，中共安东省第三地委、第四地委副书记兼组织部部长，辽东分局组织科科长、安东市委副书记。1949年随军南下，任江西省袁州行署专员兼中共袁州地委副书记。1951年7月任国营第321厂党委书记兼厂长；1956年6月任南京航空学院（现南京航空航天大学）院长兼党委书记；1978年任第三机械工业部党组成员，1980年任第三机械工业部党组成员、顾问，兼任南京航空学院党委书记、院长。1983年当选第六届全国政协委员，同年4月离休，1990年1月去世。

1951年4月，中央决定南京空军第22厂移交航空工业局，后迁往南昌建新厂，厂址是原国民党空军第二飞机制造厂和航空研究院旧址。1951年7月，吴继周调到工厂任厂党委书记兼厂长。他和领导班子成员一起制定了第二期修建工程的主要任务：修复6个旧机棚，新建变电站和锅炉房，修整飞机场并新建混凝土跑道和滑行道，为恢复生产创造条件；同时兴建家属宿舍72栋、单身宿舍8栋以及职工临时食堂、浴室、子弟学校等其他零星工程，为职工提供基本安定的生活环境。

为了加强对第二期工程的领导，吴继周和建厂委员会研究决定成立南昌市南郊工程处，由市建设局直接负责。在修建过程中，地方政府领导经常深入工地，对来自四面八方的职工热情慰问。吴继周还率领厂临时党委经常对职工进行加强团结、艰苦创业和勤俭安家的教育，因而工地上大家齐心协力、团结战斗。从1951年10月动土起，到1952年第四季度初，第二期修建工程除机场跑道外大多数已经完成。11月，工厂成立“272工地指挥部”，专门负责机场跑道工程的建设。到1952年12月底，一条宽70米、长1521.7米的钢筋混凝土跑道以及滑行道、停机坪等相应设施胜利竣工。

1951年9月初，航空工业局给工厂下达了1951年第四季度和1952年修理飞机的计划指标，确定工厂主要承担活塞式单发动机飞机的修理任务。空军第一批待修理的8架雅克-18型飞机于9月21日进厂。吴继周组织工厂一边进行建设，一边在十分简陋的条件下开始修理飞机。到年底，共修好雅克-18型飞机38架，其中交付部队19架。

1952年起，雅克-11型中级教练机、拉-9和拉-11型战斗机以及拉-9型战斗教练机等4种飞机也转到工厂修理。这4种飞机的机构、系统和机载设备比雅克-18要复杂得多。1952年以后，部队送修的飞机损坏程度日趋严重。所以，除了修理的飞机型号增多之外，修理的内容范围也随之扩大。航空工业局针对这种情况，结合飞机工厂的发展方向，向工厂提出了“1952年起应开始研究及准备如何制造配件，以逐步走向全机制造”的要求。

工厂一方面抓紧进行第二期修建工程，另一方面在修理雅克-18飞机的同时，开始修理雅克-11和拉式飞机，并且有计划地组织零部件的试制。到1952年底，工厂全年完成了148架飞机的修理任务，还试制成功了38项主要零部件。工厂边建厂、边生产，开始踏上从修理走向制造的道路。

1953年2月工厂更名为国营第320厂。1953年5月15日，中苏两国政府签订协定，由苏联援助我国建设156个重点工程项目，工厂由飞机修理厂改、扩建成年产能力为500架雅克-18型初级教练机制造厂的工程就是其中之一。面对规模扩大、人员增加、任务繁重的局面，工厂临时党委向江西省委提出成立党委会的建议，以加强党对生产的领导和监督。江西省委组织部在1953年10月24日批复工厂，同意由吴继周等13人组成党委会，吴继周任党委书记。

工厂开始修理飞机、制造零部件时，并没有成套的设计资料，只有几本修理说明书和极少数不完整的图样。工厂技术人员只能根据飞机具体损坏情况，进行修理设计，并按实物测绘、制造零部件，但这样制造的零部件相互协调性不好。1952年3月，吴继周按照苏联专家的建议，成立模线室，开始按实样取样板，然后绘制模线，作为协调的依据，大大提高了试制部件的质量。这是工厂学习、使用模线样板的开始，在工厂飞机制造工艺的发展上具有重要意义。1953年1月5日又成立了新品试造委员会，统一领导部件的试造工作。试造委员会研究了雅克-18飞机各部件试造情况，决定选用经过修好的苏制机身骨架和中翼各一个，将所有自制的44项主要部件和组合件以及其他零件、标准件合装成一架完整飞机，定名为“320号机”在“五一”节进行试飞。4月28日，这架飞机总装完毕，经水平测量，数据基本符合规范要求。4月29日开始

吴继周生活照

试飞，先后经50个起落、18小时飞行的考验，结果良好。

1954年2月底，雅克-18飞机的苏联成套图样资料到达工厂。经与由苏联提供的飞机修理资料和工厂自行测绘的图样核对，发现两者的理论数据和主要结构都基本一致。因而，工厂原用于飞机修理和备件制造的工艺装备和库存零部件将可用于整机试制和以后的成批生产。基于这一情况，吴继周组织工厂有关人员拟定了一个把“一五”计划规定的1955年第三季度试制成第一架飞机的进度，提前到1954年第三季度完成并开始生产的计划，得到了航空工业局的批准。吴继周随即组织人员编制了试制总进度计划，作为全厂进行试制工作的奋斗目标。4月8日，工厂党委按照总计划的要求，向全厂职工进行了动员，提出了“为制造祖国第一架品质优良的飞机而奋斗”的口号，在全厂展开了雅克-18的整机试制工作。

试制第一架飞机光荣，但“第一”也伴随着困难。当时国内还没有做过飞机静力试验，没有熟悉的人（在厂的苏联专家也没有从事过这项工作），没有可供借鉴的经验。吴继周决定由设计科主任工程师张阿舟负责这项工作，经过一个多月的努力，张阿舟和设计科的有关人员一起，在部分车间的配合下，设计、制造了整套试验用的设备，完成了进行静力试验的全部准备工作。在分解车间厂房内临时辟出的场地上，先后进行了飞机14个部件、57种设计情况的静力试验。结果表明，飞机的强度满足设计要求，从而为飞机的试验提供了可靠保证。

1954年7月3日，试飞员段祥禄和刁家平驾驶02架飞机首次升空试飞。试飞结果表明，飞机的性能完全符合设计技术指标。1954 年 7 月 26 日，工厂在试飞站隆重召开了“国营 320 厂第一架飞机制造成功庆祝大会”。大会宣读了工厂全体干部职工向毛泽东主席的报捷电。8 月 1 日，中共中央主席毛泽东给工厂全体职工复加勉信。

1956 年 1 月吴继周调任南京航空学院院长，1978 年 7 月调任第三机械工业部党组成员。1983 年 4 月离休，1990 年 1 月去世。

于　辉

于辉（1915.5—1998.5），江西上犹人，太原民航修理厂（现太原航空仪表有限公司，简称中航工业太航）首任厂长兼党委书记；国营峨嵋机械厂（现成都飞机工业（集团）有限责任公司，简称中航工业成飞）首任厂长；湖南航空工业局局长兼局党组书记。1929 年参加中国工农红军，1931 年加入中国共产主义青年团，1932 年加入中国共产党。曾任中国工农红军第六军团指导员、巡视员。参加了湘赣苏区反“围剿”，并随贺龙领导的二方面军参加了二万五千里长征，后任陕甘宁边区独立二营政委、独立三团政治处主任、八路军 129 师 358 旅直属政治处主任。1939 年入延安抗大学习，后任抗大三大队教导员、抗大五分校政治处主任、苏北军区政治部组织科长以及新四军第三师和东北野战军团政委、第四野战军第 39 军后勤部政委。新中国成立后，任军委民航局华北办事处副政委，1951 年 7 月任太原民航修理厂政治委员，1953 年 1 月任国营第 221 厂（现中航工业太航）厂长兼党委书记。1956 年 5 月任国营峨嵋机械厂筹备组主任，1959 年 4 月任厂长。1961 年 3 月任国营湘江机器厂（现中航工业南方）厂长兼党委书记，1970 年 7 月任 013 基地主任，1974 年 7 月任湖南航空工业局局长兼局党组书记，1977 年任湖南省国防工办副主任，1978 年 7 月任航空工业部副部长。曾任四川省省委委员、湖南省委委员。1982 年 12 月离休，1998 年 5 月去世。

随着中国民航和航空工业的创立，于辉毅然投身到航空工业建设中。1950 年 11 月起，军委民航局华北办事处副政委于辉奉命将天津小孙庄仓库存放的全部航空器材设备迁往太原。1951 年 1 月 8 日，军委民航局正式决定，在太原大营盘火柴厂旧址建立机械修理厂，由副政委于辉领导建厂工作。机械修理厂于 1951 年 1 月 15 日动工兴建，4 月 25 日胜利完工，历时 100 天，高速度地完成了建厂任务。1951 年 5 月 1 日，太原民航修理厂举行了隆重的开工典礼。1951 年 7 月，军委民航局转发总政治部命令，任命于辉为政治委员。1952 年 5 月中央军委和政务院联合发文，将民航修理厂所辖天津、上海、太原三个修理厂的人员、设备、资产等原封不动地拨交重工业部航空工业局，以增强航空工业的基础。1953 年 1 月修理厂更名为国营第 221 厂，于辉改任厂长兼党委书记。1953 年，工厂从发动机修理转向航空仪表测试设备制造，并取得新的突破。同年第四季度，航空工业局做出了将221厂改建成航空仪表厂的决定。

1953年初，航空工业局向工厂下达了制造航空仪表测试设备的指令，制造高压配重试验器、低压配重试验器、转速表试验器、仪表玻璃切割器、八面水银柱5项任务。于辉亲临现场指挥，经过全体员工的大胆探索，通力协作，努力攻关，仅以半年时间就高质量地完成了这5项新品任务。

1952年下半年到1953年一年半时间里，在于辉的带领下，该厂先后快速试制出五项航空仪表试验器和各种液柱压力计，试修了新式航空电动地平仪，制造出各种压铸模，试制并生产仪表小轴、宝石轴承、游丝等。全厂职工经受住了种种考验，在技术和管理上取得了一系列的突破，研制出新中国第一块航空仪表——空速管和磁罗盘，这一成就被朱德副主席称赞为“马槽里飞出了金凤凰”。

1954年2月，在工厂召开的第一届技术人员专业会议上，于辉做了《搞好新品试制工作，坚决完成国家计划》的报告。这次会议为保证工厂实现从修理到制造的转变和顺利完成我国自己制造的第一批航空仪表及今后的新品试制任务，在思想上、组织上、技术上和管理制度上打下了坚实的基础。

1954年3月航空工业局做出决定，南京的221分厂将于当年四季度迁太原与工厂合并，以及在此之前，1953年6月航空工业新建12个工厂之一的432厂（即后来的国营峨嵋机械厂）开始筹建，为两厂分家做准备工作。对此，工厂组成了“分家与合厂”联合委员会。1954年3月初，于辉带领工作组乘车南下，到国营第320厂（现中航工业洪都）与吴继周厂长商谈关于派实习生去该厂学习教练机修理技术和生产管理业务的计划，并达成有关飞机厂协助432厂开展修理生产准备工作的协议。1954年8月，航空工业局派工作组到太原与工厂党委共同圈定两厂分家人员名单和器材、设备、财务等分配细节。两家分厂之后，于辉调任432厂厂长，开始了新的建厂创业。

1955年2月，于辉与二机部航空工业局副局长范铭等会同4名苏联专家，踏上重选厂址筹建歼击机制造厂的征程。经筛选比较，最后确定在成都市西郊黄田坝地区建厂。同年7月，得到国家计委和建委的批准。筹建人员陆续来到成都，在泡桐树街51号建立筹备处，于辉被任命为第二机械工业部四川地区新厂筹备处主任。1956年5月4日，二机部指示，新歼击机制造厂为国营第132厂（现中航工业成飞），于辉任新厂筹备组主任。

1957年2月，第二机械工业部根据中央精神，适当调整航空工业建设规模和建设速度，决定工厂推迟建设。于辉一方面组织筹备组几百名干部职工学习党的文件和部里的决定，正确认识当前形势，一方面利用现有技术和设备，开展对外承接汽车、电

于辉在峨嵋机械厂 2 车间开工典礼上讲话

器修配等业务，同时生产一些制糖离心机、煤气机、电动机等民用产品，为国家创造了 80 多万元的财富；组织职工完成了成都市区至黄田坝的简易公路和电力、电讯线路的修建任务。另外又着手组建工业干部学校，为工厂建设培养后备力量。于辉把主要精力用在新厂的筹建工作上，从厂址的选择到详细勘探及水文、气象、交通、资料等的搜集都亲自参与。他还带领筹备组的干部在机场周围开垦荒地，种粮种菜，尽量解决职工生活上的困难。

1958 年 10 月 18 日，国营峨嵋机械厂破土动工，数千名建设者举行了隆重的开工典礼，于辉在庆典大会上讲了话，成都市市长米建书为厂区第一个工程——7 号厂房破土剪彩。同时破土的工程还有 4 号、10 号、16 号、2 号厂房。第一批厂房的开工，标志着峨嵋机械厂正式诞生。1959 年 4 月第一机械工业部正式任命于辉为厂长，他带领广大职工在党的社会主义建设总路线的激励和鼓舞下，发挥了高度的积极性和创造精神，73 天就开工了 34 个项目近 14 万$米^2$，9 个月内 7 个厂房、21 栋宿舍基本竣工并交付使用。

于辉组织干部职工贯彻“边基建、边试制、边生产”的“三边”方针，在大干基本建设的同时，积极做好技术准备。1958 年 10 月，工厂基本建设刚刚破土，就接到一机部下达的任务：要求在 1959 年 4 月基本完成厂房建设的同时，仿制“东风 102”号飞机（即歼 6），当年交付 5 架。于辉组织了以当年分配进厂的 90 多名大、中专毕业生为主成立了生产准备办公室，并派人到国营洪都机械厂学习飞机制造工艺，搜集技术资料，加速生产准备工作。正当工厂克服了重重困难，试制“东风102”号飞机尾翼时，试制任务被取消。工厂按指示把精力转移到仿制“5079”产品（又名75号机，战术导弹）任务上来。就在“5079”开始装配时，1961年7月国防工业北戴河会议决定停止仿制“5079”产品，工厂奉命停产，集中精力转入“东风104”号机（歼5甲）的测绘试制。

在积极进行生产准备的同时，工厂实行了党委领导下的厂长负责制，企业中贯彻党的路线、方针、政策以及计划、生产、人事、经营等重大问题都必须经过党委集体讨论，做出决策；同时调整充实管理机构，增设管理科室和车间，满足试制产品的需要；逐步制定和完善规章制度，对工厂的试制生产和后来的发展起到了一定的保证作用。

于辉还注重对职工的培养，在师资少、条件差等困难形势下，仍然有组织、有计划地开展职工教育培训，为工厂的发展打下了基础。

1961年3月于辉调离峨嵋机械厂，先后任国营湘江机器厂厂长兼党委书记，013基地主任，湖南省航空工业局局长兼党组书记，第三机械工业部副部长。1982年12月离休，1998年5月去世。

陈　平

陈平（1915—1995.4），福建漳浦人，重工业部航空工业局设计处（现中国航空规划建设发展有限公司，简称中航工业规划建设）处长。1934年夏，由厦门集美中学毕业后考入上海同济大学。1936年4月加入中国共产主义青年团，同年10月转为中国共产党员，任同济大学共青团支部书记。抗日战争爆发后，调到浙江工作，先后任云和县县委书记、浙南特委宣传部长。1942年6月17日参加赤石暴动，经闽北游击队接应脱险。随后加入游击队，在武夷山区参加游击战争，任游击队临时党支部书记。1943年春返回苏南抗日根据地，先后任苏南行署财经处生产科长、山东矿业公司沂蒙办事处主任、大连建新公司副总经理。新中国成立后，1951年4月任重工业部航空工业局副局长，8月兼任航空工业局设计处处长，二机部设计局代局长、三机部基建局副局长、国防工业办公室基建局局长等职。1982年离休，1995年4月去世。

1951年4月18日，陈平从大连建新公司调任重工业部航空工业局副局长。当年8月，航空工业局在北京成立设计处，陈平兼任设计处处长。

新中国航空工业创建之初，工程设计是当务之急。重工业部根据中苏两国政府达成的协议，聘请了一批专业配套的苏联设计专家20多人负责技术工作，同时将大学刚毕业的60多名学生分配到设计处，给专家当助手。陈平陪同苏联专家到沈阳、哈尔滨、武汉、株洲、南昌进行调查研究，搜集资料，选定了112厂（现中航工业沈飞）、111厂（现中航工业黎明前身）、321厂（现中航工业洪都）、331厂（现中航工业南方）、120厂（现中航工业东安）、122厂（现中航工业哈飞）改建为航空修理厂。为了加快修理厂的建设进度，适应抗美援朝战争的需要，参照苏联的有关资料，陈平组织中苏设计人员简化设计程序，在现场完成初步规划和施工图设计，及时交付使用。由于六大修理厂的原有厂房几乎没有现成的图样资料，需要设计人员自己进行调查测绘。陈平带着设计人员一起测量房间大小，凿洞了解墙体结构；脚踩临时铺的木板，爬上屋顶测量钢屋架各个杆件的尺寸；钻进地沟窨井了解管道情况，一进去就是两三个小时。由于设计周期很紧，大家加班非常疲劳，陈平找到每个同志，耐心地做设计人员的思想工作，使这些年轻同志始终保持高涨的工作热情，自觉地克服困难，确保设计图样及时发送施工现场。经过中苏双方人员的共同努力，在不到一年的时间里就完成了六大修理厂改建的设计施工任务，迅速形成了修理能力。1952年修理了284架飞机和2027台航空发动机，为壮大人民空军力量、支援抗美援朝斗争做出了重大贡献。

为了更好地学习和掌握苏联工厂设计技术，陈平带领第一批航空工业工程设计人员一起参加俄语学习班，到北京航空学院补修航空工艺课程，听苏联专家讲课。通过大量的设计实践和刻苦学习，设计工作者逐渐掌握了现代航空工厂设计的程序、规律和工艺设计技术，成为新中国青年设计队伍中的佼佼者。

到1953年初，六大修理厂建设已基本完成后，航空工业明确要从修理过渡到制造，建立自己独立的航空制造工业。随后，按中苏156个项目协议，占其中13个项目的航空工业，包括飞机、发动机、附件、电器、仪表等各种门类制造厂开始进行建设。陈平组织设计人员在设计中采用了较先进的工艺和专业技术，同时还在国内首次采用两阶段设计，即扩大初步设计和施工图，代替旧的常规程序——即初步设计、技术设计和施工图三阶段设计。这样就把设计、设备订货和施工安装周期大大缩短。设计人员在设计中大胆采用设计、施工、生产平行交叉作业的方法，及时深入现场解决问题的措施，大大加快了建设进度。111厂、331厂均提前建成验收投产，并试制出我国第一代航空发动机，结束了我国不能制造航空发动机的历史。这两家工厂至今仍是航空工业的骨干工厂，能生产各种先进的活塞式、喷气式、涡轮螺旋桨式、涡轮轴式等航空发动机和火箭发动机。其中111厂总投资2.1亿元，职工1.3万人，生产建筑面积23万米^2，金切设备2000台，从设计到建成投产并试制出BK1Φ型喷气式发动机，只用了两年半时间，比计划提前了一年半，实现了高速度。另外，航空工业其他12个国家重点建设项目也都按期或提前完成计划，质量都达到良好的标准。

经过第一个五年计划的学习与实践，我国年轻的工程设计人员逐步地承担起组织全部航空工厂的设计任务。以后又经过不断的新厂建设设计的实际锻炼，在建立了一支航空工业工程设计骨干力量的同时，完成了中国航空工业工程设计从无到有、从模仿到自成体系的过程。此后航空工业设计队伍依靠自力更生，克服重重困难，经过大量的勘察、调研、试验，解决了一个个技术难题，按要求完成了全部工程项目，满足了国防建设的需求。这其中包括许多国内前所未有的涉及很多新技术和很高技术标准的高难度项目，如静力强度实验室、热应力实验室、超声速风洞、跨声速风洞、特种风洞、无金属结构天线实验室、水力液流实验室、各种发动机试车台、超净厂房、大面积空调总装厂房等。

在中国航空工程设计系统创建和初期发展的过程中，陈平做出了重要贡献，是我国航空工业工程设计工作的创始人、奠基者。陈平于1982年离休，1995年4月因病去世。

马　彪

马彪（1922.1—2011.4），山西冀城人，航空工业局122厂（现哈尔滨飞机工业（集团）有限责任公司，简称中航工业哈飞）第一任党委副书记（主持党委全面工作）。1937年5月参加革命，1938年7月加入中国共产党。1938年5月任山西省冀城县联合村青年抗日救国会秘书、县委宣传部干事；1940年1月从事党的地下工作并在太岳区中共第二地委党校学习；1943年1月任青城县第一区委书记、政委、区游击队队长兼指导员，1945年7月任县人武部第一副主任；1946年2月任太原区警卫队参谋；1947年4月任第二野战军某部教导员；1949年11月任空军工程部机务处第二、第四、第六厂协理员、党总支书记；1950年任机务处中小修理厂副政委；1951年7月任航空工业局第121厂（现中航工业东安）副厂长；1952年4月任航空工业局122厂党委副书记（主持党委全面工作）；1953年9月任中共哈尔滨市委工业部军工处处长；1954年12月任中共黑龙江省委军工处处长；1956年7月—1966年9月任北安国营庆华工具厂党委书记，1959年2月—1963年4月兼任北安市市委第二书记；1972年3月任国营671厂革命委员会副主任、主任，党委副书记、书记；1975年9月任哈尔滨建成机械厂党委书记。曾当选为中共嫩江地委委员、中共黑河地委委员、中共黑龙江省第一、第二、第四、第五次代表大会代表，中共黑龙江省第四届委员会候补委员、委员。1983年5月离休，2011年4月去世。

新中国航空工业初创时期，时任部队政委的马彪按照上级的指示和部署，率领667名战士，携带82台设备，从哈尔滨马家沟空军第一修理厂（即鲁班部队），迁到平房，同原121厂合并，从而开始了中国从飞机修理到仿制的创业历程。

1952年4月1日，上级决定飞机修理部分从121厂划出，由马彪担任新成立的122厂党委副书记。当时正值国民经济恢复时期，根据国防需要，要求工厂在原有基础上完成改建、扩建的同时，还要完成空、海军轻型轰炸机等繁重的修理任务。由于工厂刚刚建立，生产和管理工作基础十分薄弱，职工文化程度普遍偏低等，针对这些不利因素，他有的放矢，结合当时全党进行的整党建党运动，开展党员思想教育和党员干部的领导作风教育，提高党组织在企业中的战斗力和先锋模范作用，并收到显著成效。

他还注重发挥工会、共青团的作用，组织全厂干部职工和技术人员学理论、学文化、学技术，开展群众性的技术革新、技术攻关、劳动竞赛和生产突击活动，增强广大职工的主人翁责任感，保证了基本建设和飞机修理任务的如期完成。

马彪又因工作需要，按上级的决定，曾在多个部门和企业从事领导工作，为我国航空、航天、兵器等国防科技工业做出了卓越的贡献。特别是在任北安国营庆华工具厂党委书记期间，他深入群众，调查研究，创造性地总结提出了“两参一改三结合”（即干部参加劳动、工人参加管理，改革不合理的规章制度，工人群众、领导干部和技术员三结合）的工业企业管理方法，党中央为此专门发（60）802 号文加以推广，并号召全国重视并学习庆华厂的经验。1958 年 5 月 7 日，《人民日报》发表社论，称其为“改革企业管理工作的重大创举”。在 1958 年 5 月 9 日召开的党的八届二次会议上，马彪同志做了经验介绍，毛泽东主席和其他中央领导同志出席会议并听取了他的经验汇报，从此“两参一改三结合”的创新管理模式成为“鞍钢宪法”的主要内容。庆华工具厂成为我国工业战线上的一面旗帜。

马彪（前右二）参加党的八届二次会议归来

在“文化大革命”后期和“拨乱反正”期间，马彪又临危受命，连续被调往几个濒临破产的企业担当重任，使这些企业都起死回生，走出低谷。特别是在担任哈尔滨建成机械厂党委书记期间，马彪结合工厂的实际，提出了“军转民，适应市场，以民养军”这一具有远见的工作发展思路，使军工企业在历史转型期走出一条生路。在他的带领下，实现了机载武器的更新换代，先后有3个型号的军品设计定型并投产。民用产品的生产形成了液化石油气设备、涂冷容器、冷库、起重和建筑材料、家用和日用消费品等五大系列。企业多次超额完成生产和利润指标，受到黑龙江省政府的嘉奖，所在企业荣获省级大庆式企业称号，他本人获兵器工业特殊荣誉奖。在他的开创性工作下，在军工企业中有了“南嘉陵、北建成”的美誉。

马彪始终从企业长远发展着想，注重年轻干部和专业技术人才队伍的建设和培养，并取得明显成效，为企业的生存发展增添了后劲，凝聚了力量。在工作中，他果敢务实，雷厉风行，处事公正，坚持原则，在领导班子中他率先士卒做表率，表现出了高超的领导艺术和优秀的组织才能。他善于调动他人的积极性，团结不同阶层和不同的人共同工作。他为人正直，胸襟坦荡，联系群众，平易近人，经常和工人群众在一起研究问题，攻克关键，从不摆架子，工人群众都愿意同他谈心唠家常。他生活俭朴，作风严谨，从不计较个人得失。

马彪1983年5月离休，2011年4月去世。

马 真

马真（1917.12— ），山西清徐人，航空工业局122厂（现哈尔滨飞机工业（集团）有限责任公司，简称中航工业哈飞）首任厂长。1937年4月参加革命，同年9月加入中国共产党。历任山西牺牲救国同盟会分会副大队长，中共山西省榆次县县委书记，山西工人武装自卫旅21团连指导员、营教导员，晋绥军区八分区独立游击大队（团）副政委，晋绥八地委城工部部长，太原市工作委员会武装部长。太原市解放后，任中共太原市市委委员、劳动局局长兼太原市工委副书记、市总工会主席，山西省总工会副主席。1951年11月任航空工业局第121厂（现中航工业东安）生产副厂长；1952年4月任航空工业局122厂厂长，1957年后任西安庆安机器厂（现庆安集团有限公司，简称中航工业庆安）党委第一书记，中共中央西北局经委副主任兼军工局局长，陕西省国防工办副主任，国家计委国防计划局局长，第八机械工业部党组成员、副部长。1982年离休后，受航空工业部党组委托，协同有关部门组建了中国海洋直升机公司并任副董事长。

1951年4月17日，新中国航空工业正式建立，同年11月，马真作为我国航空工业初创时期的开拓者和建设者，肩负着航空报国的神圣使命，从山西省调往哈尔滨航空工业局第121厂任副厂长。1952年4月1日，飞机修理部分从121厂分出，他就任新成立的航空工业局122厂厂长。当时全厂仅有1400多人，4个车间，原材料严重不足，机器设备、仪器也不完全配套，修理环境十分艰苦。随着抗美援朝战争的不断深入，一批批急需修理的各种飞机陆续进厂。马真刚刚上任，就承接了乌特伯教练机和图－2俯冲轰炸机的修理任务。面对这些庞然大物，大家都非常陌生，他带领全厂工程技术人员和工人，在干中学，在学中干，不断摸索，反复实践，克服重重困难，边抓基本建设边接受飞机修理任务。1952年秋，中央财经委员会主任陈云和东北局、哈尔滨市负责人来厂视察时，马真根据工厂发展需要，要求解决3个问题：一是增建两幢单身职工宿舍；二是修建从平房到哈尔滨市区的公路；三是从哈尔滨市抽调千余名干部和技术工人。随后国家给工厂调配了人员，航空工业自己办的中专和技校的毕业生

马真（左一）在长城留影

也源源不断补充进厂，并分配来一批批大学生。一支年轻的、富有朝气的、勇于上进的职工队伍迅速成长壮大起来。

1953年12月，国家批准工厂第一个五年计划建设方案，在原有的基础上扩建成为轻型轰炸机工厂。为了提高飞机修理质量，满足空军需要，马真组织对工厂进行了3个方面的整顿：一是全面推行工艺规程，把它作为工厂的“法律”在全厂严格执行；二是建立严格的各种责任制，对改变各项管理松散无序化起到了重要作用；三是为了从根本上扭转生产先松后紧、不均衡和管理混乱的局面，他接受苏联专家的建议，推行阶段装配到总装的工作流程，并在实践中不断进行改进和完善，经过半年多的反复实践，终于取得成功，前松后紧、忙乱被动的状况不见了，生产效率大为提高，形成了有节奏的均衡生产，达到每月修理8~10架图-2飞机的水平。为了尽快适应修理与新品试制，在苏联专家的帮助下，马真提出了以固定专业逐级培养与大胆放手在实践中锻炼相结合的办法，在工厂开办了业余中小学、各种专业训练班、技术学校和厂办大学，通过各种办法开展职工培训，使职工技术文化水平普遍得到提高，从而开创了全面开展飞机修理的崭新局面。从开始承修乌特伯教练机和图-2两种飞机，在不到3年的时间内扩大到修理并开始制造轰5轻型轰炸机，并为后续多个新机型的研制生产打下了坚实的基础。

1955年9月，马真到北京工业学院学习深造。1957年10月，毕业后任西安庆安机器厂党委第一书记。该厂是“一五”时期我国156项重点工程之一，马真赴任时正赶上国家对工厂进行总交工验收，负责全面工作。他总结建厂以来的思想政治工作，使中层干部提高了对企业加强思想政治工作重要性的认识，同时又对部分政工干部不关心生产的情况，代表党委做出决定：由各车间主任、科长参加的生产作业会，政工部门的干部也要参加；各种技术讲座政工干部也要参加。这样就使政工干部很快熟悉了工厂的生产，明确了党、团、工会在工厂的中心任务就是保证生产任务的完成和发展。工厂还成立教育委员会，采用多种形式组织职工学习。在提高广大职工素质的基础上，经过3年的努力终于生产出了轰炸机的重要产品——炮塔。

1961 年 1 月，马真任中共中央西北局经委副主任兼军工局局长，协助陕西、甘肃国防工办从整顿质量入手，历时两年多时间扭转了西北航空工业的被动局面。1972 年马真任国家计委国防计划局局长。1982 年离休后，马真受航空工业部党组委托，协同有关部门组建了中国海洋直升机公司并任副董事长。马真连续 3 次带队参加国务院组织的分赴四川、陕西、山东的税收、财务、物价大检查工作。

1990 年马真被推选为中国老年书画研究会副会长，其作品多次参加全国书画展获得好评，并出版个人书法集；同时还被选为航空航天工业部、航空工业总公司老年书画研究会会长。

莫文祥

莫文祥（1923.10— ），山东夏津人，沈阳航空喷气发动机厂（现沈阳黎明航空发动机（集团）有限责任公司，简称中航工业黎明）首任厂长。1938年参加革命，同年加入中国共产党。历任八路军129师支队通讯员，河北抗战学院指导员，八路军120师政治部宣传干事，晋绥军区政治部秘书、巡视团副团长，东北民主联军总政治部干事，第四野战军军工部第三兵工厂政委，沈阳53工厂监委（政委）、党委书记。1952年调入航空工业，任国营第111厂（现中航工业黎明前身）厂长。1956年4月任沈阳航空喷气发动机厂厂长。1958—1961年在北京航空学院特别班学习。1960年11月后历任国营松陵机械厂（现中航工业沈飞）厂长，沈阳市第二工业部部长、市委书记处书记；1972年任沈阳市革委会常委兼国防工办主任、党的核心组组长；1978年4月任第三机械工业部副部长、党组副书记；1981年9月任第三机械工业部部长、党组书记。1982年任航空工业部部长、党组书记。1951年获沈阳市劳动模范称号，是中共十二大、十三大代表，第十二届中央委员会委员；第一、第七、第八届全国人大代表；第七、第八届全国人大常委会委员、人大财经委员会委员；全国总工会第七届执行委员。1999年6月离休。

1952年，莫文祥进入航空工业战线，被任命为111厂厂长，开始了创建“航空喷气技术摇篮”的组织领导工作。组织完成了大批喷气式发动机修理任务，职工的修理技术大为提高，使126台有火焰筒故障的发动机得以修复出厂。在两年多的时间里，通过4种2000多台喷气发动机的修理、装配、试车和近3000种零备件的制造，培养出一支专业齐全的职工队伍，较好地掌握了制造技术，为从修理过渡到制造打下了基础。

1954年，第二机械工业部航空工业局命令：在沈阳建设航空喷气发动机制造厂，新厂在111厂的基础上，由111厂负责包建。1954年6月1日，沈阳航空喷气发动机厂破土动工。根据航空工业局制定的“老厂创建新厂”和“一长双跨”的原则，莫文祥统筹兼顾新、老两厂的全面工作，使新厂建设和新发动机试制能够充分利用老厂的条件，实行合理的平行交叉作业，为歼5飞机配套的涡喷5发动机试制工作先行在老厂展开。

1954 年，工厂开始推行苏联“一长制”的企业管理办法，莫文祥结合中国的实际情况，把党的传统作风和政治思想工作同“一长制”的组织管理原则结合起来，强调贯彻“一长制”必须依靠党的领导，告诫各级干部，“一长制”绝不是“一个人说了算”，他尽量避免照搬照抄苏联的做法。1955 年中共中央书记处第三办公室做了调查，写出了《关于推行“一长制”及党的工作报告的情况》，肯定了莫文祥的经验，并在全国企业领导干部会议上进行推广。

1956 年，鉴于两厂分立条件已经成熟，过渡形式已经完成历史使命，4 月 1 日起，两厂正式分为两个独立的经营单位，莫文祥任沈阳航空喷气发动机厂第一任厂长。

在莫文祥的组织下，新老两厂试制的首批涡喷 5 发动机于 1956 年 6 月通过试车鉴定，转入成批生产，比原计划提前 1 年零 4 个月，当年就生产出 40 台。同年 11 月，沈阳航空发动机厂建设工程通过国家验收，质量总评为优。该厂总投资 2.1 亿元，生产建筑面积 23 万米^2，设备 2000 台，职工 1.3 万人。工厂建设从开工到投产只用了一年半时间，比原计划提前 1 年零 3 个月，实现了中国第一个喷气发动机厂建设和试制新发动机的高速度。1956 年 9 月 10 日，中共中央、国务院给沈阳航空喷气发动机厂全体职工发了贺电。

1960 年 11 月，中央派莫文祥到国营松陵机械厂（现中航工业沈飞）工作，并于 1961 年 2 月任厂长。莫文祥上任后，根据 1961 年国防工业委员会下发的《关于在国防企业中开展整风运动的指示》精神和中央关于在全国工交企业开展整风运动的要求，立即组织在各级领导干部，特别是在厂级领导干部中开展以整顿领导思想作风为中心，

莫文祥（右）向邓小平汇报工作

以整顿产品质量和反浮夸风、共产风、命令风、瞎指挥风和特殊化风为内容的企业整风运动。

1961年4月初，整风运动进入整改阶段。莫文祥与党委班子成员共同决策，将厂部干部与上级工作组人员共50名分为5个工作组，深入到型架、铸造、起落架、总装车间和部件装配科5个重点单位，帮助整顿产品质量、整顿队伍、整顿纪律。在此期间，全厂进一步健全了组织机构、各类人员的岗位责任制和技术、生产计划、质量、劳资及财务管理、技术教育、卫生等132项规章制度，使广大干部职工专心工作、努力学习，不断提高责任感和业务素质，从而为扭转企业管理的混乱局面起到了很大作用。

组织做好歼6试制前工艺准备，是莫文祥在松陵机械厂工作期间一项重要工作。1961年1月27日，中央军委国防工业委员会党组决定，工厂重新仿制米格－19C型飞机（后于1964年11月改称歼6）。接到任务后，莫文祥立即组织开展该机型的试制工作。一是制订飞机试制工艺总方案。该工艺总方案包括435项指令性工艺文件，为歼6飞机试制生产准备工作的指导文件。二是组织做好全机模线样板制造。1961年3月，开始绘制模线，6月开始制造模线样板。全厂数百名工艺人员及工装设计人员奋发图强，夜以继日，自行编写了23897份工艺规程，自行设计了129140页工艺装备图样，为飞机试制提供了具体技术资料。

1978年，莫文祥调任第三机械工业部副部长，受部党组委托，莫文祥率工作组进驻国营红旗机械厂（现中航工业西航），指导帮助工厂引进英国军用“斯贝”发动机技术，试制涡扇9发动机。1981年9月，莫文祥任航空工业部部长，他按照“科研先行、质量第一”和“按经济规律办事”的方针，狠抓航空产品的“更新一代、研制一代、预研一代”。1983年，在他主持下，航空工业按轻重缓急安排了“三个一代”的机型顺序，即由横排队改变为三个梯次：“第一梯次即更新一代，主要是歼7、歼8和歼8Ⅰ、运7、运8和强5Ⅰ等；第二梯次即研制一代，主要为歼8Ⅱ等机型；第三梯次即预研一代，主要为20世纪90年代—2000年为空军提供的新型号而进行的预先研究和型号研制”。截至1988年，航空工业实现了“更新一代”的目标，“研制一代”和“预研一代”的工作也取得重要进展。

在新中国航空工业创建40周年时，莫文祥获特别荣誉奖。1999年6月离休。

刁有珍

刁有珍（1924.10—2003.12），辽宁旅顺人，航空工业局资料室（现航空工业档案馆，简称中航工业档案馆）创建者。1938—1945年在大连的一家铁工厂做学徒；1946—1947年在大连振东工厂担任制造炮弹的工作；1947—1948年在裕华工厂（八一兵工厂）担任工艺员；1948—1951年在东北人民政府建新工业公司工程部担任设计、检验员并加入中国共产党；1951年任重工业部航空工业局配造科资料员；1952年5月—1960年任航空工业局资料室主任、资料编译室副主任；1961—1964年任第三机械工业部航空工业局国营惠阳机械厂（现中航工业惠阳）检验科科长；1965—1968年任第三机械工业部档案馆主管业务主任；1968—1970年在第三机械工业部“五七干校”劳动；1974—1979年任第三机械工业部勘测公司车间主任、修理厂厂长、调研员。1985年12月离休，2003年12月去世。

刁有珍在解放前夕因支援前线表现突出，分别在裕华工厂（八一兵工厂）和建新工业公司工程部立功受奖。

1951年1月，周恩来总理电告中共中央东北局，拟调大连建新工业公司的主要负责人和管理工作骨干着手组建航空工业局机关。1951年4月17日，重工业部航空工业局成立，局址在沈阳。航空工业局成立后，刁有珍由大连建新工业公司调至航空工业局，被委派负责航空工业技术资料工作，主要任务是接收、管理苏联援助的航空工业项目的技术资料，负责俄文资料管理和利用工作。根据航空工业局的要求，这些资料全部集中统一由航空工业局进行管理，包括归档、分类、编目、鉴定、复制、汇编、翻译及利用等工作。经过刁有珍及技术资料人员的努力，汇编的主机附件、电气、仪表方面的系统资料，为生产、科研单位提供服务，得到了生产、科研单位的好评。

1952年5月，航空工业局由沈阳迁至北京。为了加强航空工业技术资料档案管理工作，航空工业局成立了资料室，刁有珍为第一任资料室主任。为了掌握航空工业技术资料的全面情况，1952年10月16日—11月10日，航空工业局组织进行了俄文资料大检查。航空工业局技术科、资料科全体同志参加，共26人，分6个组进行。通过检查，核对数字，摸清了家底。检查后，刁有珍和王永琏负责撰写了这次技术资料大检查工作的总结报告。

1953年1月6日，航空工业局以文件形式向第二机械工业部报送了《局资料室技术资料大检查情况》的报告。在报告中，对资料室成立后接收的全部资料的种类、数量、保存情况等进行了全面的介绍。1953年3月，刁有珍受航空工业局委派到120厂（现中航工业东安）、122厂（现中航工业哈飞）、111厂（现中航工业黎明）、112厂（现中航工业沈飞）核查俄文资料，为督促和指导基层档案管理工作做出了贡献。

在刁有珍的带领下，1953年8月，资料室完成了全部飞机、发动机、附件特设等俄文技术资料的编号工作。同时，为了便于资料的管理，及时收回借出的资料，实行集中由一人进行管理的制度。1953年9月，进行复查资料及建立台账工作。通过复查，不仅核实了资料的数量，更重要的是熟悉了资料的目录，大大提高了工作效率；通过建立台账，事先将每一种飞机主要结构图等资料按照其装配件统计数量，然后再进行分类、编整，更加有利于资料的管理利用。在此期间，刁有珍大力改造编译工作，创办《编译通讯》；建立了工作责任制，改变了工作的被动局面，大大调动了员工的积极性。

1954年，资料室颁布了《各有关单位借阅、索取资料暂行规定》《第二机械工业部第四局技术资料管理办法》并听取了有关专家关于技术资料管理工作的建议等，资料室工作逐步完善并得到了快速发展。

1956年2月11日，原二机部航空工业局领导的40所成立，它是在原航空工业局资料编译室基础上建立起来的航空科学技术情报研究所。40所成立后，技术资料室划归该所建制。7月25日航空工业局任命刁有珍为资料室主任。

1961年，刁有珍调国营惠阳机械厂工作，1962年受组织委托组建检验科，经调查研究后建立了检验机构系统。凡与检验有关的单位全部建立了检验室，从属检验科集中统一领导，并组建了职能业务室、中心计量室、产品质量档案室，同时制定了检验工作路线、检验工作制度，通过了国家一级验收，受到了国家及工厂的表扬。

1963年7月16日，国务院国防工业办公室批准成立航空工业技术资料档案馆。1964年5月15日，档案馆正式在北京成立。1965年，刁有珍调三机部档案馆工作，被任命为三机部档案馆技术资料档案室主任，主管档案业务。

“文化大革命”中，刁有珍被下放到汉中干校、湖北干校和嫩江干校。

1974年，刁有珍调到第三机械工业部勘测公司（现中航工业勘察院）车间工作，任主任和厂长职务。到车间后，他对车间工作的性质进行了重新分析和定位，切实履行为勘察业务服务的宗旨。为了使管理更加科学化，使生产有计划并逐步走向条理，他提出了“生产有计划、质量有标准、工时有定额、材料有规格、量具有鉴定、设备有保养、安全有要求”的经济技术指标，从而使工厂的各项工作向前迈进了一大步。在此期间，为了提高全体职工的水平，刁有珍强化了培训工作。同时，为了保障安全生产，减轻工人的劳动强度，他还在技术上进行了多项改革，这些革新项目在实际生产中起到了很大的作用。

刁有珍于 1985 年 12 月离休，2003 年 12 月去世。

周南

周南（1907.1—1976.12），安徽枞阳人，南京航空工业专科学校（现南京航空航天大学）第一任党总支书记。1937年参加革命，1938年6月在延安抗日军政大学加入中国共产党。抗日战争和解放战争时期历任新四军游击纵队宣教股股长、营教导员，新四军抗日军政大学一队政治教员，华东皖北地区桐东区区委书记兼区长、贵西区区委书记兼区长，新四军七师教导大队总支书记，华中淮海分区二支队政治处副主任、教导大队政委，华中淮海独立旅三团政治处主任。1952年10月，任南京航空工业专科学校政治辅导处主任兼党总支书记，南京航空学院院长助理、院党委常委、副院长。1976年12月24日，因长期遭受林彪、江青反革命集团极左路线的迫害，不幸逝世。

创建于1952年10月的南京航空工业专科学校，是今天南京航空航天大学的前身。这是新中国创办的第一批航空高等院校之一。学校成立之初未设党委，只有政治辅导处，周南任政治辅导处主任兼党总支书记，是该校历史上的第一任书记。

南京航空工业专科学校校址在古城南京明故宫太庙遗址上，当时是一片废墟，到处是野草、碎石。建立校舍等工作就是在这片废墟上开始的。修路、通水、通电、建校舍、绿化等繁重的基建工作正是在周南的主持下完成的。

对于一所新成立的学校，有了基本的教学条件后，重要的就是学生和教师的来源。根据当时的历史条件和政治需要，首批学员是国家从部队选拔的，他们都是部队的骨干，政治上可靠，具有高中以上的文化水平。首批教师是从国内著名航空专家中选拔的，他们一进校就筹建各种学科，担任各学科的带头人。当时，作为学校主管人事工作的负责人，周南正确掌握党的政策，不拘一格广收人才。同时，注重培养学校学有专长、年轻有为的青年教师，破格使用、重点培养，让他们很快成为业务尖子，这对初建时期的学校发展起到了重要的支撑作用。首批学员中的很多佼佼者，在学成毕业后，也被选拔留校成为学校的青年教师，大大壮大了学校的教师队伍，也奠定了学校最早的教学基础。

对于年轻教师的培养，周南不但要求他们在业务上迅速提高，而且在政治上也严格要求。他经常把一些青年教师邀请到家里，促膝谈心，一批年轻教师在他的帮助引导下，积极要求进步，很多人也加入了党组织。

20世纪50年代，尤其在1952—1955年，苏联派许多航空专家帮助我们建设学校。对于这些专家，周南对他们的工作和生活都非常关心。在当时经济比较困难的情况下，尽可能为专家们提供比较好的居住条件，使他们安心工作。

1956年，南京航空工业专科学校改名为南京航空学院，周南任党委常委、院长助理。

经过几年的建设，当初的一片废墟已经不见了踪影，取而代之的是美丽的校园。很多人都记得，当年凡是来到南航的人，无不对学校的绿化赞誉有加，而这一切都与周南的工作分不开。他擅长工笔花鸟画，是一个喜好艺术的人，因此对于学校环境的绿化美化非常上心，经常与后勤部门工作人员及工人师傅商量学校的绿化工作。夏天高大的梧桐树遮盖炎炎烈日，送给大家一片阴凉；秋季繁密的桂花树丛点点黄花，香气四溢，沁人心脾。如今的南航，美丽的身姿无不留着当年的影子，这都与他当年打下的良好基础有关。

1958年“大跃进”年代，全国掀起大炼钢铁运动，南航也不例外。在现今明故宫校区的10号楼旧址，建起了一座座小炼钢炉，全院师生都以巨大的革命热情投入到大炼钢铁的政治运动中去。当时，凡是与钢、铁有关的物件都被搜集起来，当作废钢铁送去炼钢。有人要把南航的大铁门也拆了去炼钢，周南知道后马上叫人将大门收藏起

周南生活照

来，“大炼钢铁”运动之风过去以后，这两扇大门才得以回归原处。

1960年4月，周南任副院长等职。在这期间，他对学校实验室建设也非常关心。当时，空气动力实验室要造几个储气罐，这是高速风洞的关键设备，建造储气罐的地方当时叫作“大球工地”。周南在部队长期艰苦的战斗环境中，患有严重的胃病，身体也比较虚弱，但在空气动力实验室建设期间，人们经常看见他怀里揣着一个热水袋去“大球工地”了解工作进展情况，询问在建设过程中遇到的具体困难，并及时帮助解决。

周南对别人宽厚，对自家的人却很严格。对于单位配备的公车从不让家人搭乘。“文化大革命”开始后，他遭受林彪、江青反革命集团极左路线长期迫害，于1976年12月24日与世长辞，终年69岁。

陈 艺

陈艺，中央电工器材制造西厂（现天津航空机电有限公司，简称中航工业津电）厂长。1952年8月陈艺由中央重工业部电信局调中央电工器材制造西厂任厂长，1953年9月，中央决定将中央电工器材制造西厂划归第二机械工业部航空工业局领导，转产航空产品研制生产，厂名为国营第115厂，转产后陈艺任首任厂长。1954年11月，航空工业局任命李中垣同志为国营第115厂厂长，陈艺改任副厂长、总工程师，1955年3月，陈艺调北京部队通信部门工作。

中航工业津电前身是原国民政府资源委员会中央电工器材有限公司在津勘定的西分厂，建于1936年7月。1949年天津解放后由市军管会电讯处接管，后改称为中央电工器材第一制造厂西分厂（简称天津电工西厂），隶属于中国人民革命军事委员会电信总局工业管理处。1950年末，中央电工器材第一制造厂撤销，西厂独立经营，厂名为中央电工器材制造西厂，改由中央重工业部电信局领导。1952年8月，陈艺由中央重工业部电信局调中央电工器材制造西厂任厂长。1953年2月27日中央电工器材制造西厂由重工业部电信工业局移交给第一机械工业部电器工业局领导。

1953年9月7日，中央决定中央电工器材制造西厂划归第二机械工业部航空工业局领导，厂名为国营第115厂。段子俊副局长到厂正式宣布接管，并下达转产航空产品任务。陈艺为国营第115厂首任厂长。

1954年3月14日，经国家批准，工厂被列为我国第一个五年计划时期苏联援建156项重点工程之一，并确定在天津市北郊区白庙村建造新厂房。新厂破土动工时，天津市副市长白坚剪彩。1954年11月28日，航空工业局任命李中垣为国营第115厂厂长，陈艺改任副厂长、总工程师，在李中垣、陈艺等领导的组织下，工程进展迅速。至1955年3月完成了铁路专用支线、深水井和临时变电站三项重要的基础设施建设。

1956年3月，根据国际形势的发展变化，国家计委决定将天津115厂分为新老两厂，新的国营115厂迁至陕西兴平建厂，原天津115厂改名为国营第105厂。105厂，除承担航空电器产品试制外，并为兴平115厂即将承担的航空电源类产品的生产试制任务配备整套人员和做好生产准备工作。

此时天津105厂担负了3项繁重的任务，即航空和地面产品批量生产、新品试制、分迁新厂的准备工作。在工厂领导班子的组织指挥下，天津105厂组建两套机构和人员，这些人员大部分过渡到新厂，少部分留在老厂。从1956年8月26日400余名技职人员首批调往陕西兴平新厂起，至1957年分迁结束，天津105厂向兴平115厂输送2517名职工。其中：中层干部82人，党群干部20人，各类技职人员965人，生产工人975人，徒工413人，其他人员62人。为兴平115厂分迁了已定型6种产品及6种产品所涉及的加工设备、工装、工具，在制品、测试设备、非标设备、部分原材料及全套中、俄文技术资料等，为我国航空电机事业做出了重要贡献。

从1953年9月中央电工器材制造西厂划归第二机械工业部航空工业局起，标志着我国第一个航空电器工厂的诞生。到1954年底，工厂承担的3类产品（新产品试制、航空产品的翻修和地面电器、发电机、电动机）和5种样机（两种直流升压机、两种滤波器和转速表发电机）全部装配完成，是我国由修理阶段转向仿制阶段的一个转折点，有了自己制造的航空电器产品，揭开了航空电气工业发展的序幕。

陈艺因工作需要，于1955年3月调北京部队通信部门工作。

谷万章

谷万章（1925. 10— ），辽宁葫芦岛人，哈尔滨242医院创建人。1949年10月毕业于中国医科大学，毕业后留校。1950年3月被抽调到第二机械工业部沈阳第二职工医院工作。1952年9月参加中国共产党。1954年6月调到哈尔滨242医院任副院长，主持医院工作。1960年—1966年3月任医院院长兼眼科主任。1971年3月—1972年任副院长；1972年5月—1983年6月任医院院长，1983年7月任医院第一副院长。1985年4月以后，转任哈尔滨242医院科技委主任、航空航天工业部眼科研究中心主任及哈尔滨中俄眼科研究所所长等职。从事眼科工作50余年，是全国著名的眼底病专家之一。在2011年中国航空工业成立60周年之际，荣获“航空报国突出贡献奖”。

1954年6月，风华正茂的谷万章服从组织需要，调到哈尔滨242医院任副院长，主持医院工作。当时的242医院地理位置相对偏远，设备落后、人才缺乏。谷万章积极倡导“以科研带领临床、科研指导临床”的办院方针，注重学科建设，组织筹建眼科，自建院初期到1978年，相继购置了X射线机、超声仪器、各种功能检查仪、纤维光学内窥镜、五官科检查设备和放射治疗等设备，超声诊断科、职业病科、眼科和骨科等4个学科成为省重点专科。

建院初期，谷万章发挥专长，带领眼科的同志们开展中西医结合治疗眼底病的临床研究与实践。历时20多年，攻克了眼底动静脉阻塞等系列眼底病临床治疗技术难题。他主攻眼底病的中西医结合治疗研究，首创用葛根、葛根素治疗视网膜动静脉阻塞、前部缺血性视神经病变等疾患，疗效显著。《葛根素治疗视网膜动脉阻塞及微循环阻滞的研究》获1992年黑龙江省卫生科技进步二等奖；1993年11月，其论文《葛根素治疗视网膜动脉阻塞的临床研究》，在纪念李时珍逝世400周年全国医药学术论文大选赛中获优秀论文二等奖。与中国医学科学院药物研究所曾贵云、范礼理教授等合作研究的课题——《葛根素注射液的研究》，获1995年卫生部科技进步二等奖、1996年国家科技进步三等奖；《葛根注射液的制备及其临床应用研究》获1995年哈尔滨市科技进步二等奖。现已研制出葛根素注射液、葛根注射液、黄芪注射液、葛根复明口服

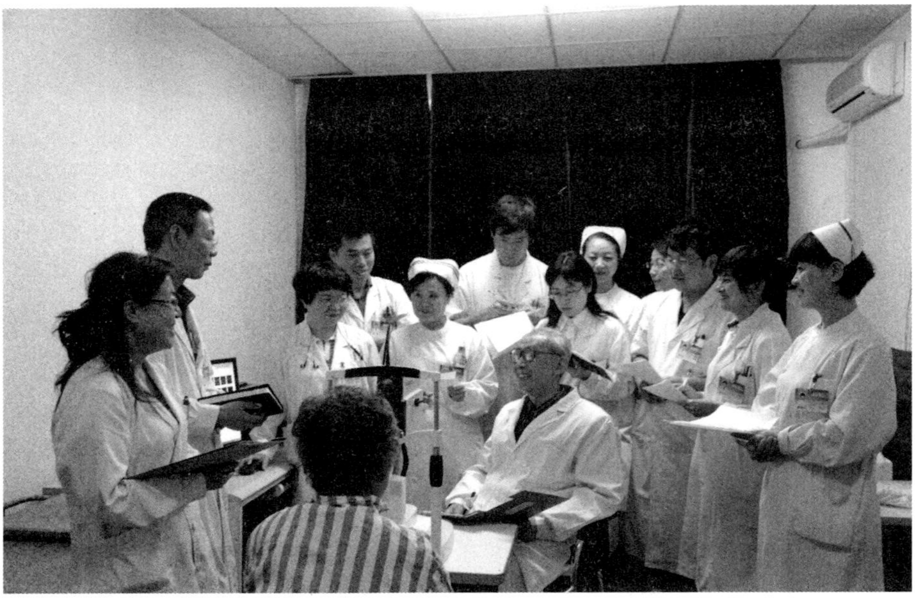

谷万章（中坐者）工作照

液（Ⅰ、Ⅱ、Ⅲ号）等，以改善微循环、提高免疫功能为基础的系列药剂，用于治疗多种眼病，取得较好的疗效。葛根素注射液于 1993 年 4 月已被批准为国家新药，投放市场。

20 世纪 80 年代，为了引进近视眼的手术疗法，谷万章赴苏联考察，并获得了培训合格证书。在他的带领下，242 医院眼科于 1985 年末开展了省内首例眼显微手术；1990 年 6 月，眼科在省内率先引进了“白内障现代囊外术加人工晶体植入术”；1991 年 1 月，又带领科室成功地完成了“前部角膜放切术”。1991 年 2 月，第一例手术治疗近视获得成功。一批年轻人在谷万章的带领下迅速成长，5 个治疗组各有侧重，突破了一项又一项新技术。在他的影响和带动下，一代又一代眼科专家迅速成长，很多骨干成为新一代名医，形成了合理的梯队结构。随着科技发展的脚步，国内尖端项目“玻璃体切割术”和“激光诊治眼底病”等逐一顺利开展。242 医院眼科的实力已居国内领先地位，谷万章也成为享誉全国的眼科专家。

眼底病是眼科的疑难杂症，谷万章多年潜心研究，积累了丰富的临床经验，发表学术论文 30 余篇，编著的 2 部医学书籍公开发行。1991 年，谷万章被授予哈尔滨市优秀党员称号。航空航天工业部庆祝创建 40 年，谷万章被授予“献身航空、服务四化”的先进工作者称号。1992 年 2 月，被航空航天工业部授予“有突出贡献专家”称号，同年获国务院颁发的政府特殊津贴。2000—2002 年，获得当代中国名医特医选编工作委员会颁发的“世纪名医”称号及同名勋章一枚。2004 年获邀参加中华医学论坛在北京举办的世界华医大会，并被大会组委会确定为世界华医大会会员。2008 年获得中国老科学技术工作者学会颁发的“中国专家学者三十年贡献奖”荣誉证书。2009 年获中国劳动者学会颁发的“2009 年推动中国医学发展最具影响力人物”荣誉证书。2009 年在“中华孺子牛”庆祝新中国成立 60 周年的庆典献礼工程活动中，因贡献突出，谷万章被特邀为铸造“中华孺子牛”的发起人，并且名字刻于“中华孺子牛”的特定位置。

为了培养年轻人，谷万章不到 60 岁就主动要求从领导岗位上退了下来，但他并没有离开奋斗了 40 年，倾注了全部心血的医疗第一线。他婉言谢绝了多家医院的高薪聘请，任 242 医院同仁眼科中心、黑龙江中医药大学中西医结合临床医学院眼科荣誉主任（教授）、《航空航天医学》杂志名誉主编，《中华眼底病杂志》名誉编委，《中国实用眼科杂志》副主编，继续从事眼科临床及科研工作。在他的人生暮年依旧心系患者，心系眼科事业的发展。

李中垣

李中垣（1916.4—2003.12），河南扶沟人，国营第115厂（现陕西航空电气有限责任公司，简称中航工业电源）第一任厂长。1936年8月加入中国共产党，1937年7月任山西牺牲救国同盟会特派员，1938年初任翼城县县长兼政治保卫四支队政委。1940年初任晋察冀边区浑源县县长、县委常委，后兼任县委宣传部长。1945年9月起，先后担任冀中区津委会三分会区长、津沽三联区区委书记，静海县县长、县委常委，天津市民政局秘书主任、副局长，市敌伪产业清理局副局长等职务。解放后转入工业部门，1954年6月由天津市工业局第一副局长调任国营第115厂厂长。1958年4月，调离航空工业系统，先后任天津市机电工业局局长、天津市计委主任、天津市副市长等职务。1983年4月，担任天津市人民代表大会常务委员会副主任、党组副书记。是党的第十二次全国代表大会代表。1987年6月离休，2003年12月去世。

1953年9月，第二机械工业部航空工业局与第一机械工业部电器工业局联合决定，将天津市电工器材制造西厂划归航空工业局，并改名为国营115厂，是列入我国第一个五年计划的13个航空工业项目之一。1954年新工厂厂址选定于天津市北郊区白庙村，并开始动土施工。1954年6月，时任天津市工业局第一副局长的李中垣调该厂任厂长。1955年，由于国际形势的变化，国务院决定将工厂迁到陕西省兴平县重新勘察建厂，保留国营第115厂代号。1956年3月根据部局指示，原天津国营第115厂改名为国营第105厂。

1955年5月，筹建工作组进驻兴平工地，开拓者们自己动手，劈荆棘、填坟穴、打井、铺路，帐篷和牛棚是他们的栖身之处，煤油灯是夜晚唯一的光明。在异常艰苦的环境中，李中垣坚持边建设、边生产准备、边进行试制的工作思路，在工厂基本建成的同时，新产品也试制成功。1957年6月，国营第115厂使用第二厂名国营秦岭电工厂。1957年9月，国营秦岭电工厂提前1年零3个月竣工并通过国家验收被批准正式启用。

1955年，工厂在兴平开始施工期间，李中垣组织留在天津的同志积极进行生产准备。他带头抓紧时间学习技术，请知名技术人员给大家上技术课，讲解电机原理和产品性能结构；先后培养选拔了50多名中层干部，选拔优秀青年知识分子分四批23人前往苏联各工厂实习，并通过高校脱产学习、举办职工业余大学和各种短期技术班，全厂3600余人参加了各类学习，占在职职工的67%，为秦岭电工厂的正式开工投产奠定了重要的人力资源和智力保障。同时抽调了100余名技术人员，进行技术资料的编制、工艺装备的设计、翻译产品资料、试制新产品、编制试行工艺规程等。在李中垣的带领下，到1957年秦岭电工厂基本建设完工的同时，工厂已完成了直流发电机ZF－350、泵电机BZD－75、调压器TY－1、稳压器WY－6等4种新产品的复制试生产定型任务，并试制成功了14种航空电机电器产品，创造了新厂在国家竣工验收的同时即投入成批生产的历史性成绩。

1957年4月，李中垣带领1800余名职工、家属集体迁陕，苏联专家同车到达。由于施工队伍和职工家属的不断增加，住房难、用水难、吃菜难、吃饭难、看病难接踵而至，部分过惯了城市生活的职工思想上产生波动。目睹此情此景，李中垣没有责怪这些职工的最低要求，他让出自己的住房，住进了杂草丛生、漏雨进风的简易毛毡棚内，与饲养着的奶牛为伴。在李中垣的模范带头下，部分中层干部也纷纷让出住房，搬入牛棚。领导干部们带头过艰苦日子的实际行动震撼着每一位职工的心灵，干部和职工心往一处想，劲往一处使，同甘共苦，团结一致，战胜了一个又一个困难。工厂还陆续解决了职工的粮食供应、子女上学，甚至做饭的煤球、劈柴等实际困难，组织开展了丰富多彩的业余文化活动，稳定了职工情绪，增强了干部职工的凝聚力和战斗力，大大加快了建厂进度。

李中垣厂长（中）在秦岭电工厂竣工验收大会上作报告

李中垣任秦岭电工厂厂长后，他高度重视企业技术工作，坚持每年组织召开工厂技术大会，针对工厂出现的“不从实际出发、生搬硬套苏联资料”、“重批生产，轻试制”、“盲目追求进度，忽视产品质量”等问题，提出了“认真按照技术文件进行生产，坚决反对经验主义”、“加强技术规范化管理”和“新品试制作为工厂主要任务”等一系列技术工作要求，坚决贯彻“三不离”（不离图样、不离工艺规程、不离技术条件）的工作方法和“质量第一”的方针，严肃工艺纪律，推行三级消化资料制度。

通过李中垣强化企业技术管理，极大地促进了秦岭电工厂在后续发展中的持续创新能力。1957 年，秦岭电工厂提前建成投产后，迅速发展为中国航空电源制造的骨干力量。1958 年 2 月，在接受了我国自行设计的超声速歼击机“东风 107”研制生产任务后，工厂迅速行动，组建了 24 人的新品设计室，边学习，边工作，经过艰苦努力，仅用了一年时间，就研制出样机 20 种，试验合格 10 种，其中直流发电机 ZF－9000 一次试验成功，按期拿出了合格产品，迈出了自行设计研制的第一步。同期，航空工业局决定在秦岭电工厂组建我国第一个航空电嘴车间。1961 年，我国第一只自行设计的航空电嘴 DZ－15A 在秦岭电工厂生产定型。

从 20 世纪 50 年代中期到 60 年代中期，秦岭电工厂仿制和研制了从 350 瓦至 18 千瓦不同功率等级的直流发电机，从 6 千瓦至 18 千瓦的直流起动发电机，以及与上述发电机配套的控制保护电器，先后攻克了电机温升过高、换向火花大、“打电刷”以及绝缘电阻低等问题，1969 年研制成功 24 千瓦直流起动发电机，并于 1979 年荣获国家金质奖，这是我国首批颁发的航空产品金质奖。

1958 年 4 月，李中垣调到天津市工作。1987 年 6 月离休，2003 年 12 月去世。

武　光

武光（1912.10— ），河北深泽人，北京航空学院（现北京航空航天大学）第一任院长、党委书记。1930年投身革命，参加中国共产党外围组织——红色革命互济会，同年加入共产主义青年团，翌年转为中共党员。任中共北平市委委员，团市委书记。1932—1937年被关进国民党监狱。1939年赴延安马列学院学习。1940年留校任马列主义教研室研究员。在抗日战争和解放战争期间，历任中共乡吉特委书记、陕北工学干部处长、中共平北地委副书记、中共平西地委组织部长、中共冀察区委城工部长、中共北平市委副书记、中共察哈尔省委组织部长、中共晋察冀北岳区二地委书记、中共晋中区委副书记、中共晋中南下区委书记、中共长沙地委书记。新中国成立后，任中国华南分局委员、粤西区党委第一书记兼粤西军区政委。1954年6月，武光被中央任命为北京航空学院第一任院长。1956年8月，当选该院党委书记。1963年任中共新疆维吾尔自治区党委书记处书记、新疆自治区人民政府第一副主席。1979年任中国社会科学院副院长、党组副书记。1982年任北京市人民代表大会常务委员会副主任。1986年离休。

武光在北京航空学院担任了10年院长。在此期间，他团结学院领导一班人，积极探索工科高等学校的办学规律，形成了较为系统的办学思路，并成功地付诸实践，成绩显著。1959年5月，中共中央发布了《关于在高等学校中指定一批重点学校的决定》，北航成为全国第一批16所重点高校之一，这是对成立才7年的北航给予的充分肯定。

武光在北航的10年中，认真贯彻党的教育方针，以培养高质量人才和创办高水平大学为己任，细致深入地抓好各方面工作，制定了十六个字校训："艰苦朴素、勤奋好学、全面发展、勇于创新"，提出校长工作的"十字法"："招、教、科、学、物、生、体、文、劳、思"。他重视学生思想政治教育，强调青年学生要正确处理政治业务关系，要又红又专，全面发展，又明确提出全面发展必须有重点，就是又红又专，要培养他们独立学习、独立思考、独立工作的能力，不能把独立思考、独立学习说成是在发展个人主义。20世纪50年代后期，针对有些同学参与劳动热情很高，而对学习有所忽视的现象，他指出学生应把学习放在第一位，党团员要立即带头恢复学习风气、学习秩序。

武光认为教学是高等学校的根本任务，是学校全部工作的中心。为此，他提出要尊重和发挥老教师的作用。有计划地培养一批骨干教师，采取培养研究生、向苏联专家学习、教研室集体讨论、试讲、校内外短期进修、下厂实习、开展专题研究及出国进修，培养全体教师尤其是青年教师的基本功，使北航教师总体水平得到不断提高；他还重视基础设施尤其是与教学、科研息息相关的实验室建设。武光到北航任职时，教学实验室只有14个，到他离任时，全院已拥有56个实验室，有力地保证教学和科研的进行；他深知学校办得好坏，学生质量高低与教材质量有密切关系，提出全院要写出理论联系实际、适合我国情况、反映最新科学成就、头等水平的教科书，以及编写教材要遵循“高、精、尖、虚、实、系、重”的七宗方针，即高质量、精而不滥、蕴涵尖端科技成果、既要有理论又要有解决实际技术问题的知识、系统化、重点突出；他强调高校的科学研究要为提高教学质量服务，为社会主义建设服务，要敢于创新、敢为人先，要有组织、有计划循序渐进地开展，破除神秘化、放大胆子、允许失败。武光同志敢于破旧立新，提出培养高质量的学生，“关键在于培养又红又专高质量的教师”，北航在师生中进行“永争第一，永远创新”的教育，并且要求教师对培养学生的独立性和创新思想要贯彻始终。1958年，武光卓有成效地领导全院进行轻型旅客机、探空火箭、无人驾驶飞机3个型号的研制，以教学与科研、设计、试制相结合的实践，认真探索与贯彻教育与生产劳动相结合的教育方针，体现了敢为人先的创新精神，也使北航的教学、科研在理论联系实际上前进了一大步，培养了一批高质量的人才。

对党的知识分子政策，武光有独到的理解，并采取了切实的贯彻措施。他认为党把知识分子从来都看成是国家的宝贵财产，老教师、青年教师都是我们的宝贵财富。知识分子不仅可以信任、可以依靠，而且同样是国家的主人。20世纪50年代，高校曾出现一股不尊重老知识分子的歪风，武光针对此状况，明确表示老教师的作用不能忽视，老教师的作风应该发扬，自甘走在青年之后是不对的。科学研究应该走在青年前面。这些话与实际做法，让老教授心情舒畅。1957年反右斗争中，他不顾上级给的3%的指标，保护了一些教授。

武光在北航期间还坚持实事求是原则，“不唯上，不唯书”。1956年，他坚持建党原则发展新党员，上半年即发展了7名教授、副教授入党，在知识分子中引起了不小的震动。在“大跃进”中，曾经有过“插红旗、拔白旗”的口号。面对这股“全面跃进”的狂澜，他坚持必须拿到教学、科研这面红旗。1959年“反右倾”运动时，武光受到了不公正的批判，并被免去党委书记职务。

武光（前排左一）参加北航校庆

1963 年 10 月，武光调至新疆维吾尔自治区任人民政府第一副主席和自治区区委书记处书记。“文化大革命”中受尽折磨。1979 年，调中国社会科学院先后任第一秘书长、副院长、党组副书记。1982 年，任北京市人大常委会副主任。1986 年离休。

苏　智

苏智（1920—1985.7），陕西乾县人，航空发动机附件厂（现西安航空动力控制有限责任公司，简称中航工业西控）首任厂长。1937年参加革命，当年加入中国共产党。1939年8月，任山西省新绛县委青委书记、组织部长。1942年，任陕甘宁边区关中专署巡视员、民政科长。1945年后，任乾（县）永（寿）工委副书记兼西府总队第三支队政委。1948年后，任中共永寿县委书记、县长；中共乾县县委书记、县长并兼任6县的剿匪纵队政委；宝鸡专区财委副主任。1952年开始，任陕西省财委工矿交通处处长兼财商处处长、陕西省合作联社副主任。1953年9月，任804厂筹建组主任。1955年3月，任航空发动机附件厂、飞机附件制造厂（现中航工业庆安）筹建组副主任，同年8月任航空发动机附件厂厂长。1962年12月，任陇西铸造厂（现中航工业制动）厂长。1966年5月，任秦岭机电制造公司（秦岭电工厂与陇西铸造厂合并）经理。1967年4月，航空发动机附件厂和飞机附件制造厂合并为国营庆安机械制造公司，任经理，主持工作。1969年6月，任庆安公司革委会副主任、公司党的核心领导小组成员、公司党委副书记。1972年9月，任国营红旗机械厂（现中航工业西航）革委会副主任、主任。1979年3月，任铜川市市委书记、革委会主任、市人大常委会主任；1981年任咸阳地委书记。1982年当选为党的十二大代表。1985年7月去世。

1955年苏智转入国防工业系统工作，在省国防工业系统工作的20余年间，努力钻研业务与科学技术，变外行为内行，从筹建厂到担任大企业领导，工作一丝不苟，同广大科技人员、干部、工人、群众一道，为发展航空工业做出了重要贡献。

1955年3月，苏智任航空发动机附件厂、飞机附件制造厂筹建组副主任期间，组织完成了土地征购工作，同年8月担任航空发动机附件厂厂长。苏智狠抓基础建设工作，亲自主持制订和实施了建厂规划，由于他领导有方、工作扎实，工厂基建速度惊人，仅一年多时间厂区基本竣工并生产启用，到1957年11月国家验收时，6万米^{2}的厂房建筑被评为优良。

苏智十分注重人才培养，在1956年即将开工之时，他决定把2500名新职工派往西安地区兄弟厂学习培训实习，随后这批人成了军工生产的骨干。1957 年，他集中群众智慧，断然决定工厂第一个试制产品（LB－4）从国营湘江机器厂（现中航工业南方）接收，并顺利通过长期试车和验收，满足了飞机配套需要。苏智深谋远虑，1957 年决定成立设计室，开辟了工厂由复制性质引向测绘仿制到自行设计的新路。1958—1960 年，工厂先后实现了为 9 个机种配套 51 型附件的设计、试制和生产能力，同时还能自行设计几个新机种部分附件，这在航空工业是一个重大突破。苏智组织干部职工利用军品生产之余力量，大干柴油机附件等民品，1958—1960 年利润合计为 3478 万元，这 3 年的利润总额相当于建厂投资的 83%。除部分利润上缴，利用留成扩建厂房，购置了设备，实现了“增产、扩建，不向国家要钱”。另外还建造了福利区、单身宿舍、学校、幼儿园等民生工程。他虚心学习，钻研业务和技术，加强企业管理，依靠广大工人和技术人员，不断提高产品质量。先后在全厂组织开展了质量检查、优质高产无故障交付、优秀过关运动。

1962 年 12 月，苏智调陇西铸造厂任厂长。1966 年 5 月，成立秦岭机电制造公司，苏智担任经理。1966 年“文化大革命”爆发后，航空发动机附件厂和飞机附件制造厂合并为国营庆安机械制造公司，苏智又调任经理。他坚持搞好军工生产，狠抓质量管理。1971 年成立质量运动领导小组，他担任组长，研制、生产出军械炮塔，填补了我国航空军用飞机制造上的一项空白。

1972 年 9 月，苏智调国营红旗机械厂任革委会副主任、主任。他大胆地抓规章制度建设和厂容整顿，并在 1974 年 6 月航空工业部召开的引进英国“斯贝”发动机定点座谈会上，竭力争取由工厂承担试制任务。争得这一任务后，他抓紧制订试制总体规划，落实试制措施，终于优质完成了“斯贝”发动机试制任务。

1958 年 10 月苏智（右三）向李先念汇报产品研制情况

1979年3月，苏智调中共铜川市委任书记、市人大常委会主任。他根据国家政策，认真组织对“四清”、“文化大革命”中的冤假错案进行复查平反。1981年10月，调任中共咸阳地委书记。曾被选为中共陕西省第六次代表大会代表，中共第十二次全国代表大会代表。

苏智于1983年4月任省经委顾问、中共陕西省顾问委员会委员、中共陕西省委研究室特邀研究员。1985年7月去世。

齐 鲁

齐鲁，航空仪表厂（现陕西宝成航空仪表有限责任公司，简称中航工业宝成）首任厂长。1954 年 6 月，在航空仪表厂筹建期间，带队赴苏联喀山和萨拉托夫两个仪表厂进行实习，1955 年回国。1955 年 11 月 28 日，被第二机械工业部任命为航空仪表厂厂长。1959 年 8 月 25 日，调北京航空学院学习。后调任国防科技委员会办公室主任。

宝鸡航空仪表厂由苏联援助建设，系我国重点建设单位之一。开始考虑在北京筹建航空仪表厂，后从战略角度考虑，1955 年开始搬迁至宝鸡。经中苏双方政府同意，新厂规模、厂房、生产的产品项目、工艺等全由苏联专家在苏方设计。工厂为航空陀螺、航向、空速、高度、升降等 38 种飞机仪表的研制生产企业。

为了多快好省地建设社会主义祖国，保证建厂和开工生产两不误，经二机部批准，1954 年 9 月，齐鲁带领第一批 25 人抵达苏联喀山和萨拉托夫航空仪表厂学习。一年后，这批人员立即投入到工厂建设与生产中，他们不仅是当时工厂生产建设的骨干，而且也成为后来我国航空工业发展的中坚力量，为祖国航空工业做出了重要的贡献。

1955 年 11 月，二机部任命齐鲁为航空仪表厂厂长。齐鲁在战争年代曾跟随彭真同志在敌前敌后经历过血与火的锤炼，在和平建设时期，他带领全厂职工艰苦奋斗，无私奉献，工厂从搬迁、选址、勘探、测绘到施工，在不到两年时间就在宝鸡山城里基本建成了一座我国最大的综合性航空仪表厂。

工厂创建初期，工作千头万绪，作为第一任厂长，齐鲁既要从各方面筹集组织人员，搭建工厂生产组织框架、开展技术培训，还得考虑工厂设备搬迁、新购置、起运、安装、投产等一系列严密协调且繁杂的系统工程。在上级的领导下，在苏联专家的帮助下，齐鲁运筹帷幄，一丝不苟，将各项工作安排得井井有条。特别是他在工厂施工建设中就组织生产技术人员在兄弟单位开始生产与生产准备，技术培训与练兵，新品试制等项工作。在不到一年的时间内，工厂发展到 1128 人，其中工程技术人员 339 人，工人654人，经过一系列的精心组织、严密施工，到1956年4月，工厂在苏联专家指导下，以赴苏学生及原技术领导为骨干，在自己培养出的技术工人的共同努力下，完成了11种复杂的陀螺和电气仪表的制造。1956年，齐鲁向党中央、毛主席汇报建厂工作情况，受到了上级与中央的肯定和表彰。1957年11月，国家基建验收委员会对航空仪表厂基建全面竣工进行验收，举行了国家总验收签字仪式暨开工典礼。

齐鲁工作严谨，作风深入，处处以身作则。工厂创业之初，他经常在工地和工人一起劳动，了解工程进展，发现问题，就地解决，从不拖延。他善于联系群众，关心群众疾苦，特别是建厂初期，在住房、孩子上学等问题上，他和领导班子总是优先为群众和生产技术骨干着想，干部家属住帐篷，建好房子先分给工人和技术人员，并和地方联系，让职工孩子在地方上学，这对于稳定职工队伍、加快工厂建设都起到了积极的作用。1959年8月，齐鲁到北京航空学院特别班学习。

航空仪表厂40年厂庆之时，从国防科技委员会办公室主任岗位离休的齐鲁厂长回到工厂参加庆典。很多老同志拉着他的手，热泪盈眶，向他祝福，有的还邀请他到家叙旧，场面十分感人。

魏祖冶

魏祖冶（1919. 11—1997. 5），湖南邵阳人，航空材料研究所（现北京航空材料研究院，简称中航工业航材院）第一任所长。1937 年初中毕业，同年到山西民族革命大学学习，参加抗日活动。1939 年赴延安进入抗日军政大学学习，1940 年在抗大政治部宣传科工作，1942 年调入陕甘宁边区军工局茶坊兵工厂从事生产管理。抗日战争胜利后，随大军进入东北，在黑龙江鸡西和密山一带建设军工基地，任密山兵工厂副厂长。新中国成立后，奉调莫斯科任我国驻苏联大使馆商务处技术代表。1951 年航空工业局成立不久，回国任航空工业局计划处处长，1955 年起，开始负责筹建航空材料研究所，1956 年 1 月，任研究所所长。1978 年调任第三机械工业部科技办主任，1979 年任第三机械工业部外事局局长，兼中国航空技术进出口公司总经理。1980 年调任国务院国防工业办公室科技局副局长。1982 年 12 月离休，1997 年 5 月去世。

魏祖冶在抗日战争和解放战争时期，在总工程师钱志道的指导下，克服种种困难，组织生产火药、手榴弹供给前方，制造雷管和燃烧瓶，对付国民党军的坦克。他们还突破国民党的封锁，研制成功氯酸钾，使边区自己能生产火柴；用麻制成纸浆，造出钞票纸。在解放战争时期，魏祖冶参加了东北解放区军工基地建设，在战争环境里和原材料缺乏的情况下，先后领导建造了雷管工厂、手榴弹制造工厂、化工厂，有力地支援了前线作战。

1951 年 1 月，航空工业局成立后，魏祖冶赴沈阳协助陈平副局长抓计划处的工作，任计划处处长。1955 年春，航空工业局决定抽调魏祖冶负责筹建航空材料研究所，建设新中国第一个航空科研机构。1956 年 5 月 26 日，航空材料研究所在北京东皇城根北京工业学院旧址成立。在领导研究所的 23 年中，魏祖冶主要做了两件事：一是依靠专家荣科、范棠、刘多朴、颜鸣皋等，建立中国自己的航空材料体系，基本实现航空材料国产化；二是与黄若暾及广大科研人员一起，不断探索航空材料的科研规律。

经过一年多的筹备，1957 年春天，航空材料研究所定址北京西北郊冷泉村原二机部四所旧址，但是航空材料的科研早在所址未定的情况下就开始了。魏祖冶和副所长

1981 年魏祖冶（左一）访问美国洛克希德公司

荣科会同苏联专家首先抓了航空材料的国产化，在有关研究单位和工厂的密切配合下，仿制成功苏联 ЭИ435（GH30）材料，接着又仿制成功高强度结构钢 30ХГСНА；结合我国资源，主抓了铁镍基变形高温合金（GH140）的研制；组建了铝合金、铸造高温合金、锻造、焊接、防腐蚀、非金属材料以及性能测试等研究室，开展了对仿制的苏联材料的复验鉴定工作，形成了较完整的、综合性很强的材料研究体制；拍板建立了我国航空钛合金研究室，开创了材料研究的一片新天地。1957 年 4 月，经与科学院、冶金部协商，成立了以荣科为召集人的高温合金研究协调专业小组，重点突破高温合金的国产化问题。

1961 年苏联专家撤走之后，魏祖冶带领全所职工，在“自力更生，奋发图强”的精神鼓舞下，团结、信任老专家，决心走出中国航空材料体系的路子。通过“摸透 62 式”（米格 -21），对其所用的 10079 项原材料及其工艺有了较透彻的了解，并有针对性地提出仿制或自行研制的任务；在 61F（涡扇 5）发动机研制会战中，作为总冶金师单位，组织解决了发动机风扇叶片、导向叶片的高温合金和精密铸造、精密锻造的技术难关，以及其他相关技术问题；此外通过对 U -2、P2V 敌机残骸等的分析，对苏制和美制飞机的材料、工艺异同点进行了深入的了解，科研工作更加有的放矢，为建立中国自己的航空材料体系打下了坚实的基础。到 1966 年“文化大革命”开始前夕，国内航空材料自给率迅速增长，自给程度已经达到较高水平。例如歼 6 飞机材料自给率达到 99.64%，歼 7 飞机材料自给率达 99.08%，并且为新一代飞机用材做了相应储备，基本形成了中国自己的航空材料体系。这些使航空人引为自豪的数据，作为第一线指挥员，魏祖冶功不可没。

魏祖冶在工作中非常重视总结经验教训，找出结合实际的科研规律。1961 年起，魏祖冶重点抓了按照材料科研规律的各项制度的建设，在研究所“十字要诀”的基础上，魏祖冶和技术处刘多朴、矫世同集中集体智慧，主持制定了“八大制度”，进而发展为“三阶段二十条”，即把科研的过程分为题目研究的准备、试验研究和总结三个阶段，每个阶段分成若干步骤，共二十条，形成系统的科研管理文件，从各类研究课题的准备，直到研究成果正式用于生产的较为全面、完整的研究工作程序，加之配套的《研究室管理细则》和《研究室政治工作程序和方法》，构成了一套比较完整的研究所管理办法。这些制度后来由国防部航空研究院在全院介绍推广。

“文化大革命”中魏祖冶受到迫害，落实政策后，他继续主持全所的工作。他积极整顿科研秩序，恢复科学的管理方法，鼓励科技人员下厂解决材料应用的实际问题，重新建立起冶金工作体系。

1978 年，魏祖冶调任三机部科技办主任，兼任科技委秘书长。1979 年任三机部外事局局长兼新成立的中国航空技术进出口公司总经理，开拓航空工业外贸新局面。1980 年调任国务院国防工业办公室科技局副局长主持工作，负责管理各军工部门的科研新产品的研制工作。1982 年 12 月离休后，被聘为国防科学技术工业委员会体制改革办公室顾问，为科研改革做了大量的调研，提出了许多建议。

魏祖冶于 1982 年 12 月离休，1997 年 5 月去世。

张　基

张基（1923.1—1992.6），陕西临潼人，飞机附件制造厂（现庆安集团有限公司，简称中航工业庆安）筹备小组主任、首任厂长兼党委书记；陕西航空工业管理局首任局长、党组书记。1939年加入中国共产党，1940年起历任陕西关中专署科员、新正县科长、淳旭县政务秘书，陕西渭北总队副政委、政委；1949年3月任西安空军修理厂政治协理员、厂长；1953年5月起历任飞机附件制造厂筹备小组主任、建厂委员会主任；1956年1月任飞机附件制造厂厂长、党委书记；1966年2月任国营庆安机械制造公司（现中航工业庆安）经理；1973年10月任陕西航空局首任局长、党组书记；1978年6月任陕西省国防工业办公室副主任、中共陕西省委国防工委副书记；1983年5月任陕西省国防科技和航空工业办公室副主任、陕西省国防科技和航空工业办公室委员会副书记；1985年11月—1992年任陕西省委顾问委员会委员。1992年6月去世。

1953年5月15日，在二机部航空工业局的直接领导下，飞机附件制造厂筹备小组在北京成立，张基被任命为筹备小组主任。1953年9月，张基率领筹备小组成员通过认真的实地考察和分析，提出飞机附件制造厂在西安市西郊土门地区建厂的方案。1953年底，工厂机构由筹备小组过渡到筹建工作组。1954年12月，该方案获得国家正式批准，并确定了工厂初步建设方案。

根据上级要求，张基负责航空发动机附件厂（现中航工业西控）和飞机附件制造厂两厂一起筹建的工作，为使基建工作有秩序地进行，在二机部和西安市委的领导下，成立了建厂委员会，张基任建厂委员会主任，对工厂基建工作实行全面领导，在组织完成征购土地、迁移安置居民工作的基础上，与华东三公司、二机部七局和西北第二工程公司等多家基建单位签订建设合同。

飞机附件制造厂建厂所在地是古墓地，为了能提前完成建厂任务，张基带领建厂组成员，根据古墓群的分布特点，认真研究筹划，采取了一系列有力措施，并动员职工提出合理化建议200余条，苏联专家提出建议250余条，这些建议大部分相继被采纳，保证了前期工作的进展。经过充分准备，1955年3月17日，福利区宿舍工程开始动工，10月15日，厂区工程开始动工。工程分两批进行，第一批工程主要有辅助生产厂房、木工厂房、压缩机站、锅炉房、器材库、办公大楼等工程，共计11座约2.7万米^2，还有部分管道和附属工程。

1956年1月，二机部正式任命张基为飞机附件制造厂厂长。同年4月，召开首次党员大会，成立了党委会和党的监察委员会，张基兼任党委书记。这一年也是飞机附件制造厂建设大发展的一年。根据国务院“工厂1957年建成，1958年正式投产”的要求，张基立刻将建厂总进度进行了重新安排和部署，加快厂区第二批工程的建设步伐，主要有生产厂房、装配厂房、热工厂房等共计12座约4.2万米^2。其他如电讯工程、管道工程等部分辅助工程也先后开工。1956年7月，部分生产厂房首先临时动用投入生产，8月底结束土建工程；10月底完成设备安装工程，比原建厂总计划进度提前了1年零2个月；11月成立钳工、钣金等生产车间；12月各生产车间均相继投入生产。

在飞机附件制造厂的建设过程中，张基带领职工推行了“三边”政策，即一边建设，一边试制，一边生产。1957年3月工厂正式开始试制液压产品，第一个液压产品于8月试制成功，全年共试制成功的产品还有操纵杆、助力器、信号枪、液压电磁阀、舱调器、电动机构、炸弹控制等18项，投入批生产13项，产值约134万元。同时，在张基的带领下，工厂利用剩余生产能力，积极组织民品的生产，先后生产的民品有鱼口钳、平车轴、克丝钳、活塞筒、干燥喷洒器等，还测绘了久保田拖拉机，并拟生产锅驼机。全年民品产值约135万元，占总产值的50.3%。同年8月，根据中央关于扩大健全企业民主管理制度的指示精神，张基积极贯彻落实有关要求，在西安市委第二工业部和第二机械工业部工会工作组的帮助下，建立起了工厂职工代表大会制度。9月，

张基同志工作照

建立了军代表室，贯彻了军事代表制度，加强了质量监督，促进了用户代表与生产单位之间的关系。11 月，飞机附件制造厂建设顺利通过了国家验收委员会的全面检查验收。

飞机附件制造厂新厂建立初期，急需得力的中层干部和大量的技术骨干。张基高度重视，认真组织，积极选派人员赶赴全国相关单位去求援，网罗贤才。经过不懈努力，争取到了许多管理和专业技术人才，但由于吸纳的人员均来自不同的老厂，在管理和技术上各有不同的习惯，苏联专家也来自不同的工厂和技术局，如何团结大家，协调关系，形成一个新厂统一的管理制度、管理语言和共同的技术、共同的工作风格是一个极大的难题。面对重重困难，他一方面严格执行上级干部管理的相关规定，另一方面坚持一切从工厂实际情况出发，最终选用了 10 余名从苏联归来的高端人才、前来支援的几十名生产管理干部和技术工人，以及近百余名大专学生，他们很快就都投入到生产一线。与此同时，他综合有关主机厂的技术、管理经验和制度，汲取苏联专家的建议，并充分结合工厂实际，提出了有庆安独特风格的军品管理体系，1958 年 12 月，工厂相继顺利完成了各项新品试制任务和民品开发任务。在后续多年的新品试制生产中，工厂整体的技术和管理水平得到迅速提高，成为航空工业部成立后的先进企业，其管理经验在全行业内被推广。

1973 年 6 月 17 日，陕西省委决定设立航空工业局，10 月，航空工业局升格为陕西省革命委员会第三机械工业局，任命张基任陕西省革命委员会第三机械工业局核心组组长（局长），1978 年 6 月，成立中共陕西省第三机械工业局党组，张基任党组书记。

张基担任陕西省革命委员会第三机械工业局局长期间，带领局核心组成员在建立和完善局机关体制机制建设的同时，归口管理第三机械工业部驻陕航空工业。协助陕西省省委、省政府管理驻陕航空企事业单位的人事、劳资和党群等工作；根据第三机械工业部的计划安排，组织和协调在陕航空企事业单位科研生产任务的完成；落实第三机械工业部在地方的立项工作；牵头组织了轰 7 飞机、MPC75 民用飞机的预研；协助第三机械工业部落实 4000 多万元资金，完成了 603 所从陕西省凤翔县到阎良的搬迁，完成了红原锻造厂独立并落户陕西省三原县，庆安公司两厂的分家及陕西汉中 012 基地的三线基本建设等工作，为陕西航空工业的发展奠定了良好的基础。

1978 年 6 月后历任陕西省革委会国防工业办公室副主任，陕西省顾问委员会委员。1992 年 6 月去世。

李辉鳌

李辉鳌（1921.11—2007.2），山东寿光人，国营上海华林电器厂（现上海航空电器有限公司，简称中航工业上电）第一任厂长。1938年1月投身革命，在八路军鲁东游击队任排长。1939年3月加入中国共产党。1941年后任莒中县公安局长、滨北军分区海防大队政委、高密县独立团副政委、滨北独立三团政治处主任等职务。1948年后历任济南警备二区政治部主任，济南市政协委员，中国人民解放军97师党委委员、科长等职务。1953年转业后任上海市宗教委员会、市府普选委员会党支部副书记、工作组组长。1954年任上海公私合营华林电器厂公方代表，1956年3月任国营上海华林电器厂厂长、党支部书记、党总支书记，中共上海市卢湾区委委员。1964年8月调上海自动电讯器材厂任厂长、党委委员。1965年11月调上海无线电二厂任第一副厂长兼总工程师、革委会主任，徐汇区科协副主席。1977年11月调任第三机械工业部第615研究所（现中航工业上电所）所长兼总工程师、党委副书记。先后4次受到毛泽东主席的亲切接见。2007年2月去世。

新中国航空工业建立初期，为适应航空工业主机生产的需要，第二机械工业部决定利用上海华昌等4家私营厂的现有力量，筹建一家航空电器厂，得到了上海市委工业部、统战部支持，并立刻抽调李辉鳌等几名干部组成公私合营工作组，李辉鳌任组长，开始了把4家资本家经营的手工作坊似的生产摊子，改造转变为社会主义航空工业企业的工作。

工作组成立后，李辉鳌带领工作组人员，多次查看厂房，研究问题，同时积极争取闸北、江宁区委对公私合营工作的支持。又花费了大量的精力，开展了总路线教育，使工人们看到了自己肩负的责任，也转变了资本家的思想。经过两个多月的紧张筹备，新中国第一家专门试制生产航空电器产品的工厂，航空工业系统独一无二的公私合营企业终于诞生了。1954年5月10日，在当时上海的红星剧场召开了成立大会。李辉鳌宣布市委和二机部航空工业局的决定：华昌等4厂合并成立公私合营上海华林电器厂，隶属二机部航空工业局，由上海市重工业局代管，李辉鳌任公方代表。

李辉鳌工作照

由于公私合营以前，华昌等4厂基本上没有组织机构，生产秩序混乱，不利于向国营工厂过渡。李辉鳌开始建立一些组织机构和管理制度，到1955年具备了开展管理工作的基本条件，还特别注意抓了制度、计划的制定工作，使管理水平有所提高，生产、工作秩序有所改善。在合营之初，就对全厂职工进行了“航空产品、质量第一”的教育，使产品合格率从1954年的77.84%提高到1955年的85.4%，产值和产量也分别完成原计划指标的105.95%、126.91%。

为了增强工人主人翁地位和责任感，1954年7月，中共上海市卢湾区区委决定，由李辉鳌等5人组成公私合营上海华林电器厂临时党支部委员会，李辉鳌任书记。到1956年初，一个组织机构、管理系统初步形成的企业骨架已经搭建起来了。

公私合营第一年，除了继续生产私营时期仿制的产品外，新仿制了KB－6－2A微动开关和KIICPK－45座舱灯，完成了19项军工任务。1955年初，航空工业局下发了部分苏联原文资料，从此工厂的仿制阶段从最初按草图生产进入了一个新时期，这是公私合营后的一大转变，是逐步把工厂纳入航空工业生产技术管理轨道的一个重要步骤。由于公私合营性质，使苏联的专家和资料供应不能纳入国家渠道，航空工业局为加速辅机工厂发展建设，适应主机生产的迫切需要，于1955年9月，向国务院提出将华林厂改为国营。经批准后，上海公私合营华林电器厂改为国营。

李辉鳌接到命令后，为了不引起资方的误解，不影响党对社会主义工商业的改造，经请示，对资方股权采取定股定息的处理办法，得到了资方的赞同。1956年3月航空工业局转发二机部命令，任命李辉鳌为厂长。1957年5月正式启用国营上海华林电器厂的厂名。

国营后，全厂职工从200多人快速发展到1180多人，是工厂发展史上第一次人员大发展，并且是人数增加最多。经卢湾区委批准，1956 年 9 月 9 日成立了党总支，由李辉鳌等 9 人组成总支委员会，李辉鳌任总支书记。

1956 年 7 月，航空工业局下达了《工厂改建设计划任务书》，规定把工厂改建为“航空照明配电系统的电器制造厂”，生产开关、航空灯具等 10 个大类产品 128 个品种，生产、技术工作逐步走上轨道，基本符合了航空工业局的要求。国产第一架喷气式歼击机就装有该厂仿制的电器产品。

上海华林电器厂作为适合当时航空工业系统建厂模式的成功经验，李辉鳌起了重大的作用。初建的 4 年中，李辉鳌先后担任公方代表和厂长等要职，率领党政领导班子紧紧依靠部、局和市委的领导、帮助，带领全厂抓住主要矛盾，努力完成航空工业局交付的各项任务，生产的航空电器产品先后有保险丝和保险丝座类、扳动开关类、按钮类、灯类、插销类、接线盒类、微动开关类、绝缘筒类等八个大类，共 195 项，687215 件，年均工业总产值 75 万元，比合营前的 1953 年增长 37%。扩大了工厂规模，选定了新厂址，完成了组建机构、制定规章制度的工作，奠定了初步的管理基础，逐步形成了航空电器专业厂的格局，使工厂在边改造、边生产、边试制、边扩建的情况下，保证了航空工业的配套任务，有力地支援了空军，为航空辅机工业的发展做出了贡献。1959 年 9 月，李辉鳌前往北京航空学院学习，1962 年开始担任总工程师，直至 1964 年 8 月调往其他几家单位任职。

李辉鳌于 2007 年 2 月去世。

赵哲民

赵哲民（1924.10—2005.9），云南路南人，航空科学技术情报研究所（现中国航空工业发展研究中心，简称中航工业发展中心）创建人。1947年3月参加革命，1948年7月清华大学毕业后由地下党组织介绍经天津越过国民党封锁线进入华北解放区，由中共中央组织部分配到石家庄华北人民政府公营企业部机械工作室任技术员。1949年4月入党。历任华北人民政府企业部技术员，重工业部航空工业局技术员、翻译，第二机械工业部航空工业局资料编译室副主任。1956年二机部成立航空工业局航空科学技术情报研究所，同年3月任副主任（副所长，所长空缺），1975年部院情报业务整合以后任航空情报研究所副所长，1978年10月任所长，1983年任航空情报研究所科技委主任。1985年离休，2005年9月去世。

1956年2月，第二机械工业部航空工业局航空科学技术情报研究所正式成立，赵哲民为组建副主任（副所长，主持工作）。

航空科学技术情报所是航空工业也是全国最早建立的专业情报研究所。赵哲民咨询了苏联专家的意见，拟制了组织编制、任务与发展规划，调入了一批外语好、懂技术的业务骨干，并且被任命为主持常务工作的负责人。

研究所组建时，缺乏有关航空科技情报工作的任务和方法的实践，而由于当时国内还没有成立其他的科技情报机构，没有经验可供借鉴。赵哲民通过一段时间的调研和摸索，确立了航空情报工作的定位，明确了航空科学技术情报研究所的工作目标和方法，指出了今后一段时期的工作任务；解决了面对资本主义国家当时对我国实行封锁、禁运资料来源渠道的问题，以及技术资料从设计到生产的配套问题；解决了当时普遍面临的原有的大量翻译人员如何使用，如何与情报工作结合的问题。

1960年，苏联撕毁协定，撤走专家，停止技术援助，给我国航空工业带来不少困难，急需情报所配合解决。但是，与关键技术相关的资料搜集规律和特点尚不清楚，主要航空工业国家发展中碰到的问题和解决办法还需摸索，情报所面临前所未有的挑战。为了解决上述问题，赵哲民组织开展了战略性综合情报和技术情报分析研究，组织编写了一批重大技术关键问题的专题情报、主要航空工业国家的航空工业概览；全面调查了各种期刊资料的背景、特点、性质，建立了资料检索卡片，编印了“航空科技情报资料分类法（草案）”；建立了航空专业情报网，使其直接为厂所服务。同时他还派科技人员下厂与技术人员联合攻关，在解决歼6尾翼抖动、飞行中飘摆，直5振动等技术难题中发挥了重要作用。

赵哲民十分重视情报出版报道工作。他在建所筹备阶段就主持创办了《国际航空》月刊，迄今已出刊56年，是航空界知名的媒体，多次荣获国家级和部级优秀期刊奖。以后，针对不同读者的需要，陆续创办了各种类型情报刊物达30多种，向广大读者提供了大量的科技信息，初步形成了一个情报刊物类型齐全、出版周期配套、能基本满足各方面读者需要的航空科技情报刊物体系。情报所还为航空工业建设各方面需要提供了多种年鉴、手册、概览、辞典等基础性情报研究成果。先后提供过几百篇有重要参考价值的研究报告；几十份航空情报获上级领导和国家领导人的批示。

赵哲民在1952—1956年期间，参加编制全国十二年科学技术发展规划；组织翻译全套《航空工业技工手册》；组织翻译某型机、发动机、辅机全套生产资料、图样、技术说明书、结构性能说明书等。1956—1965年，参加编制航空科研规划；组织某型飞机、发动机、辅机全套生产技术资料、说明书的翻译工作。1958—1979年，组织编写《国外飞机手册》《国外发动机手册》《主要资本主义国家航空工业概览》《航空年鉴》《中国航空年鉴》和《空空导弹》《复合材料的发展》《精密铸造》等专题资料。其中《国外飞机手册》是历时3年多编写，长达100多万字的大型工具书，它的出版，受到航空界的广泛欢迎，荣获了1978年全国科学大会荣誉奖。

赵哲民生活照

1975年部院情报业务整合，赵哲民任航空情报研究所副所长，1978年任所长。赵哲民担任所长的5年时间，航空情报研究所共有几十项科研成果荣获国家级、部院级科技进步奖。在情报研究工作中取得了突出的成绩，签订的研究课题合同均为有关单位亟待解决的问题，而且收到了很好的反响；在情报研究工作向广度拓展上亦有所发展，情报研究课题经不懈努力突破了单纯技术的界限，向科学预测方向迈出了可喜的一步。此外，在配合航空工业部重点型号研制过程中，从方案论证开始和在解决技术关键中，航空科技情报所有针对性地提供了大量情报资料。

在赵哲民和领导班子带领下，研究所扩大了文献馆际借阅服务范围，在全行业范围内开展馆际之间借阅，方便了基层，扩大了服务范围，深受厂所的欢迎。与此同时，研究所还适时开创了新的服务领域，组建了电影站，完成了多部影片的摄录制、动画绘制、译制、洗印、发行拷贝等工作，声像与展览工作取得显著成绩。

赵哲民于1985年离休，2005年9月去世。

马全生

马全生（1923.7— ），河北深县人，航空材料研究所（现北京航空材料研究院，简称中航工业航材院）首任党总支书记。1939年8月参加革命，历任深县庄窠头村青年抗日救国会副主任、青年抗日先锋队指导员，交河县政府实业科科员、财经科副科长、机要交通局局长、八区区长兼区小队队长；冀中区税务局科员、冀中十一专区工商局股长、税务局副局长；冀中南下纵队第一支队直属队指导员、党支部书记，皖南徽州专区税务局局长，皖南区税务局秘书兼科长。新中国成立后，历任安徽省税务局秘书主任、副局长；沈阳国营第111厂（现中航工业黎明前身）、沈阳航空喷气发动机厂（现中航工业黎明）办公室副主任兼行政处长、专家办公室主任；1956年7月—1957年8月任第二机械工业部第六研究所（现中航工业航材院）副所长兼党总支书记；随后，又先后任哈尔滨国营东安机械厂（现中航工业东安）副厂长兼总会计师、第二机械工业部西南办事处副主任、哈尔滨国营新风加工厂五人领导小组成员、国营东安机械厂革委会副主任、第三机械工业部精密机床修理总站党委书记兼站长、国营东安机械厂党委书记，1983年底离休。

1955年5月，第二机械工业部党组决定组建航空材料研究所（简称航材所），马全生被抽调组织筹建工作。当时，筹建工作面临的最大问题是没有科研办公场地和科技人员。为尽快开展研究工作，马全生陪同苏联专家先后到沈阳铁西区兴华街和北京苇子坑察看地点，因所占面积、周边状况都不便作为研究机构基地而作罢。经请示和协商，将北京工业学院东皇城根的旧址转让，腾出南门仓的20多间平房和两个粮仓作为航材所科研和办公的临时用地。与此同时，在苏联专家的指导下，马全生到有关部门、厂所、研究机构、大学招募从事金属材料、非金属材料研究工作的科技人员。

1956年5月26日，航空材料研究所在北京工业学院原址礼堂隆重召开了成立大会。马全生作为副所长兼党总支书记主持了大会，会上还表彰了30多名建所积极分子。当时，航材所职工已有300余人，汇集了许锡缵、荣科、范棠、吴伯鸿、冷永宽、刘多朴、马培亨等著名专家。

马全生与职工交谈

1957年5月，二机部做出决定，将位于北京西北郊西山脚下冷泉村的常规兵器研究所撤销建制，把此地作为航材所的固定所址。同年夏天航材所开始了大规模的搬迁工作。

1957年8月，马全生奉调到国营东安机械厂担任副厂长，主管行政和福利工作。当时，工厂处在初建时期，大多数职工都住在单身宿舍，职工食堂管理和住房需求问题亟待改善。马全生提议并实行了生产车间与机关科室职工错时就餐，以及厂领导每月轮流到食堂与职工一起就餐等改进食堂秩序的措施，同时改善饭菜质量和加强卫生管理。对职工急迫的住房需求，他始终坚持群众观点，边耐心向职工做解释、说明工作，边按照国家计划，积极组织建筑材料进货，修建职工住宅；开办理发馆、疗养所、浴池等，改善职工福利条件。

随后，工厂行政领导调整分工，马全生负责工厂的供应、财务、基建、运输等项工作，后又兼任总会计师。他严格按照国家财政政策，建立了公车使用、出差报销等财务制度；采取一周停运一天，对运输车辆进行维护和司机安全教育等措施，加强了安全管理。

按照上级的指示，工厂生产航空发动机的厂房需要大规模扩建。为了按时完成施工计划，马全生建议将基建科提升为基建处，下设若干科室，以适应新形势的需要。他日夜忙碌在工地上，组织水泥、砖等大宗建筑材料的供应和生产。当时，施工单位提出冬季施工，要用蒸汽火车头提供热气来满足水泥养护的条件，马全生找到哈尔滨铁路局求援，在铁路部门的大力支持下，不但解决了热气供应问题，还修通了工厂连接铁路运输网的专用铁路线。这些建筑至今仍在使用。

1969 年 6 月—1970 年 8 月，由于受“文化大革命”的冲击，哈尔滨国营 101 厂（现东北轻合金有限责任公司）的正常生产秩序受到严重冲击，马全生奉上级指示，与其他同志组成“五人领导小组”来到该厂分管生产和行政工作。在新的工作环境中，马全生虚心向同事学习、频繁下车间了解情况，恢复正常生产秩序，完成国家生产计划。

1976 年 1 月—1981 年 8 月，马全生调到第三机械工业部精密机床修理总站担任党委书记兼站长。为了精密机床修理基地的恢复和重建，他奔走于中原和东北林区之间，积极组织钢材、木材等建筑材料，进行厂房、办公楼等的基本建设。

1981 年 8 月—1983 年 5 月，马全生再次调回东安机械厂担任党委书记。当时工厂正值生产任务锐减的困难时期，马全生来到工厂后，组织召开了党员代表大会，选举产生了工厂党委会，结束了工厂多年未开党代会的局面。他还根据工厂的实际，进行了工厂组织机构改革的有益尝试。1983 年 5 月退居二线后，在航空工业部和工厂党委的领导下，组织了东安厂航空工业史的编撰工作。曾荣获航空航天工业部先进离休老干部、航空航天工业部和哈尔滨市编史修志先进个人、黑龙江省首届“金秋和谐伴侣”等荣誉称号。1983 年底离休。

李　明

李明（1919.10—2004.7），河北束鹿人，国营第115厂（现陕西航空电气有限责任公司，简称中航工业电源）第一任党委书记。1938年9月参加革命，投身抗日救亡运动，1939年6月加入中国共产党。1939—1945年，先后任束鹿县政府科员，束鹿县抗日区长、公安局局长、代理县长等职务。1946—1949年，先后任晋县人民政府县长、束鹿县人民政府县长、冀中区沧市公安局局长等职务。新中国成立后，先后任河北省公安厅秘书科科长、秘书处副处长、副主任秘书，1952年任天津市工业局党委副书记。1954年3月调任国家重点项目国营第115厂基建副厂长，1956年9月任党委书记。1961年1月调离航空工业系统，先后任天津市建委副主任、天津市人民政府副秘书长，1983年任天津市人大常委会委员、市爱国卫生运动委员会党组书记等职务。1990年离休，2004年7月去世。

国营第115厂是国家“一五”计划重点工程项目。1954年国家决定在天津市北郊区白庙村建设，李明同期由天津工业局党委副书记调该厂（当时还没迁到陕西）任基建副厂长，天津市委为此专门组建了2000人的天津市第六建筑公司全力负责包建新厂任务，加速新厂建设。至1955年3月，工厂在天津已完成了铁路专用线、深井、临时变电站等三大工程。但由于国际形势发展，从国家安全考虑，同年3月12日，根据国务院决定停止在天津建设，迁往大西北，保留国营第115厂代号。1956年3月根据部局指示，原天津国营第115厂改名国营第105厂。

1955年5月20日，李明带领中、苏两方技术专家赴陕西关中地区选择新厂址，至1955年8月，经过认真测量、勘探，并上报审批最终选择陕西省兴平县西郊地带为工厂新厂址。随即李明带领基建班子全体同志入驻兴平县，积极协助地方政府进行拆迁征地工作，在当地政府和人民群众的大力支持下，于12月完成工厂购地45万米^{2}的任务，为全面开工创造了物质条件。

在陕西兴平新厂创建之初，李明带领基建职工劈荆棘、填坟穴、顶烈日、战严寒，清理残垣断壁，开始了国营第115厂迁址兴平的建厂工作。他们在当时杂草横生、坟头林立的这片黄土地上，克服资金周转困难、材料货源不足、技术力量薄弱以及吃饭、用水、住宿等困难，提前完成了建厂任务。

由于建厂准备工作时间短，特别是当时遇到40多天的连阴雨天气，遍地泥泞，路陷过足，李明带领大家不等不靠，克服路陷、淋雨等困难，完成了厂区地形的测量工作，组织施工队用推土机铲去淤泥，人背肩扛将设备送入施工现场，住进了用毛毡、苇席搭建的临时工棚。从兴平县至建筑工地道路泥泞狭窄，在40多天的连阴雨日子里，基建全体职工大力发扬艰苦奋斗精神，在附近农民的支援下，用人力车、牛车从火车站拉运材料设备，克服了难以想象的困难，完成了运输任务。至1955年年底，完成了厂区的“三通一平”工作，建成5千米的铁路专用线，完成每小时出水36吨的深水井，修建临时变电站，在较短的时间内完成了必要的施工准备工作。为解决建厂初期1000余人的住宿问题，李明协调天津六建公司抢时间、抓进度，于年底前完成了2万米^{2}的办公和住宿用房建设。宿舍刚刚竣工就住进去，睡一夜被褥全部湿透，大家艰苦奋斗，以苦为荣，为工程建设付出了辛勤的劳动和巨大的牺牲。后又发生材料供应困难，资金周转困难，施工机械不足，技术力量薄弱等，在李明的努力下，带领大家想办法、跑路子给予顺利解决。

施工前，李明通过强化技术、物资和组织3个方面的准备工作，积极协助施工方克服困难，密切施工与设计的关系，调动各方面的积极性，统一步伐形成合力，充分

1977年李明（后排右三）到西柏坡学习

完成了各项施工准备工作。1956 年 3 月，工厂土建工程全面开工，李明大胆创新，组织多方面的平行交叉作业，即边设计、边施工，边建筑、边安装，边建设、边生产准备的方法，设备安装与土建施工平行交叉进行，极大地提高了工厂建设速度。到 1956 年 10 月生产准备 3 号厂房部分设备已投入生产，至年底超额完成计划。1957 年 9 月，工厂顺利完成了 1 ~ 8 号厂房和 10 号办公大楼的全部建筑工程和设备安装工程，各厂房同期投入生产，提前 1 年零 3 个月完成了建厂任务。实际完成建筑面积 140364 米^2，安装设备 14444 台，完成投资 4076. 7 万元，为国家节约资金 204. 3 万元。

在抓好工程进度的同时，李明注重强化工程质量。始终以坚持“百年大计、质量第一”的方针和节约国家资金为工作原则，坚决果断处置了施工中出现的立柱倾斜、混凝土二次浇灌不实等质量问题，同时为克服六七月间连阴雨导致基柱泡水的施工困难，他带领干部职工坚守施工一线，共同排水。广大干部职工常常是一身水、两脚泥，有效保证了工程质量。

在秦岭电工厂工作的 6 年间，李明经历了工厂从建厂到生产的整个过程，他与 7000 多名干部职工朝夕相处艰苦奋斗，完成了 45 种航空产品的试制和生产任务，为我国航空电源事业的起步建设付出了艰辛和汗水。

李明于 1961 年 1 月调至天津市工作，1990 年离休，2004 年 7 月去世。

张一川

张一川（1916.8— ），河北定县人，国营平原机器厂（2004年10月与豫北机械厂、国营豫新机械厂、巴山机械厂重组整合为新乡航空工业（集团）有限公司，简称中航工业新航）首任厂长。1937年10月在河北博野县参加革命，1938年6月加入中国共产党。1938年1月起，张一川先后在晋察冀军区、华北军区政治部导报社、印刷所、报社工厂、印书馆任排字工、印刷员、印刷股长、工务长，画报社工厂厂长，印刷厂厂长以及出版发行科副科长等。1954年5月转业，调任第二机械工业部航空工业局北京飞机修理厂总装车间主任，1956年7月担任副厂长。1956年11月调任国营平原机器厂厂长。1970年10月调入湖北荆门水上飞机制造厂工程建设指挥部工作，1973年任该厂党委书记。1978年1月调平原机器厂任党委书记，1980年9月任该厂顾问，1984年4月离休。

1956年11月，张一川被调到国营平原机器厂任厂长。当时工厂转入航空工业不久，技术欠缺，设备陈旧，试验手段比较落后。随着航空工业的迅猛发展，该厂接受了大批量的新品试制任务。为满足各型飞机附件产品的配套需要，他带领全厂干部职工，积极投入产品试制和生产，满足主机厂配套急需。同时，加强技术培训和技术管理，组织技术攻关，培养了一支过硬的航空生产技术骨干队伍，许多人从不懂航空技术变成航空生产技术管理行家。工厂由最初的复制、测绘仿制发展到自行设计，建立了一整套航空企业多品种、小批量生产的技术和管理制度，保证了航空附件科研设计和生产的稳步发展。

1958年4月，张一川和总工程师参加了在西安召开的航空工业企业领导干部会议，大胆地接受了为20号、45号、22号、27号飞机、发动机配套的“高空座舱标准状态设备”产品任务。当时的平原机器厂经过第一个五年计划时期的新品试制和批生产的经验，各种条件有所好转。但是，也只能承担开关、阀门之类的小型附件的生产。接受任务后，张一川在全厂干部职工中开展了生产条件的“论战”，发动群众讨论“能不能干”的问题。经过讨论最终确定了“我们不仅要接受任务，而且要坚决保证在平原机器厂试制成功高空座舱设备”的目标，并采取了“边扩建、边试制、边生产”两条腿走路方针。

1958年8月，新产品试制工作全面开展，试制过程中，确实遇到了重重困难。首先是技术力量的不足，“五大产品”有四大部分是钣金、有色金属焊接，工厂根本没有相关技术人员。张一川一方面积极争取上级领导的支持，另一方面派技术人员赴兄弟单位参观学习。在上级领导和兄弟单位的支持和帮助下，平原机器厂技术力量得到了很大提高，为后续工作开展奠定了基础。

遇到的第二个困难，是专用设备和专用工装问题。按照工艺要求，需要在工厂原有设备基础上增加700余台设备，虽然当时上级领导给予了大力支持，但是有些设备不能及时提供，甚至还要依靠进口，等待国家订货，特别是一些专用设备必须依靠苏联提供。张一川带领全厂职工在“争取外援、不等外援”的原则下，发动群众，大搞技术革新，提出了“能洋则洋，无洋则土，土洋结合，先土后洋”两条腿走路的办法，克服了一系列的困难。

遇到的第三个困难，是生产厂房面积严重不足。当时平原机器厂一无空余地方，二无空余厂房，为解决燃眉之急，张一川带领全厂职工采取就地挖掘一切潜力的措施：决定把职工食堂腾出来使用，把消防队宿舍挤出来，把办公大楼腾出一层，厂长、总工程师一起办公，几个科室集体办公，甚至把办公楼西头男女厕所也加以利用，改作车间的产品清洗间，各种生产车间此时也相应成立。1958年底，试制成功了第一套散热器1106。到1959年底相继试制成功317A、477、186和853B高空座舱设备附件，并投入批生产，平原机器厂的技术水平和管理水平有了很大的提高。

“文化大革命”中，张一川受到严重冲击，但他顶住压力，仍积极为党工作。1970年5月，中央军委批准在湖北荆门建设一个水上飞机制造厂。10月，张一川被调至工程建设指挥部，负责总装厂房、试飞陆地机坪和水上跑道的建设。由于厂区距县城较远，施工条件差，张一川做了大量深入细致的调查研究工作，积极协调地方对工程建设的支援。他深入实际，实事求是，对初步设计中厂房设计、地点、缺项、漏项、设备不配套、生产和仓库面积不够等问题提出重大修改意见，得到了主管部门的认可。

1973年3月19日，国务院、中央军委批准撤销荆门水上飞机制造厂基本建设工程指挥部，工厂划归第三机械工业部直接领导。张一川任该厂党委书记，与领导班子一起继续完成试飞区和总装厂房的续建、收尾及配套工程，为水轰5的02号机试飞做好全面准备。1974年底，02号飞机由哈尔滨运抵荆门，根据上级“首次升空、万无一失、一次成功”的指示，张一川全面统筹，周密布置，保证了二次总装和下水试飞工作的顺利进行。1976年4月，水轰5飞机首飞成功，填补了我国航空工业的空白。

张一川生活照

1978 年 1 月，张一川调回平原机器厂任党委书记，负责“文化大革命”后工厂的整顿及重点型号产品的研制生产任务。1980 年 9 月任顾问，1984 年 4 月离休。离休后，张一川仍然十分关注航空事业和工厂发展，积极提出许多有价值的意见和建议。获得河南省新乡市“老有所为精英奖”，1990 年被航空航天工业部评为先进离休老干部，2011 年被中国航空工业集团公司授予“航空报国突出贡献奖”。

张品修

张品修（1912.9—1971.9），河南清丰人，国营航空机轮附件厂（后改名为陇西铸造厂，于2003年4月与国营新安机械厂、航空附件研究所部分整合为西安航空制动科技有限公司，简称中航工业制动）首任党委书记。1938年8月参加革命，1942年8月入党。1946年6月先后任冀鲁豫边区军工部制造部主任，兵工一厂、兵工四厂厂长、政委等职。1949年新乡解放后，率兵工四厂（更名为建设机器厂）迁驻新乡市；新建平原机器厂，任厂长、党委书记。1953年平原机器厂由第二机械工业部接收，任厂长。1954年8月任新乡市人民政府委员。1955年3月任国营航空机轮附件厂、国营第115厂（现中航工业电源）联合建厂办公室主任，1956年9月兼任国营航空机轮附件厂党委书记，后任副厂长、总工程师。1971年9月去世。

国营航空机轮附件厂是我国“一五”期间苏联援建的重点工程之一，也是我国航空工业建设最早的飞机机轮、刹车装置和防滑系统研制、生产的专业化辅机工厂。张品修在任航空机轮附件厂和国营第115厂两厂筹建委员会联合办公室主任期间，组织征购土地2555.94亩①，妥善安置了农民拆迁问题。随后，张品修带领附件厂职工一起发扬艰苦奋斗的精神，开始了艰苦的建厂工作。适逢44天连阴雨，他们头顶雨，脚踩泥，牛车拉，马车送，身背肩扛，完成了生活福利区第一批职工住房的建筑工程。同时抢修出施工工地通往兴平县城的公路和电话线路。经过多方努力，克服了重重困难，1955年底实现了水、电、路的“三通”，为全面开始施工创造了条件。

建厂后，张品修任副厂长、总工程师。由于试制和生产的技术空白，他带领全厂干部职工在设计、工艺、加工制造、热表处理、镁合金铸造、工艺装备制造、设备安装、调试等各个方面摸索，进行了反复论证，取得了很大突破，有力地促进了工厂产品的研制和生产。

---

① 1亩=666.67米^2。

张品修生活照

1957 年 4 月，航空工业局下达了试制减压阀 QS－1（苏 лY－7）和刹车分布器QS－2（苏 лy－8）的试制生产计划，后又追加了QS－4（苏 д－1）试制生产任务。1958 年2 月又决定增加工厂年产各种飞机液压附件 11 种 36000 套的任务。为了保证试制工作的顺利进行，张品修领导全厂职工在“边基建、边准备、边试制、边生产”方针的指导下，心往一处想，劲往一处使，面对现实，充分发挥2 号厂房初步形成的生产能力，集中主要力量做好试制工作。从 1957 年7 月到1958 年3 月，在短短的9 个月时间里，成功地完成了 QS－1、QS－2、QS－4 三项产品的试制和生产任务。于 1958 年底完成工厂基建任务，1959 年3 月30 日正式验收，并陆续投入生产使用。1957 年10 月，工厂更名为陇西铸造厂。

“一五”期间，是我国航空工业复制学步的第一阶段。张品修带领全厂干部职工成功复制了多种飞机刹车机轮、刹车装置及附件，满足了空军各种苏式飞机的零备件急需，保证飞机正常飞行，还节约了大量外汇。

1958 年张品修带领技术人员自行设计“东风 107”、“东风 113”机轮，1960 年开始国产强5 飞机的主轮 LS－401、前轮 LW－402 试制任务，1964 年完成，装上飞机试用。经过多次改进，于1972 年生产定型，使自行设计的机轮上了一个新台阶。

1960 年，中苏关系紧张，苏联撤走了专家，中断了向我方提供辅机配套关键产品和飞机、发动机所需的大型镁铸件。航空工业局决定把大型镁铸件毛坯生产放在陇西铸造厂。1960 年6 月，镁铸件厂房基本建成，镁铸件生产线正式投入运行。张品修带领研发团队开始试制尖端镁铸件，在1964 年、1965 年两年中，分别生产交付了1 号部件63 件和H－1 支架38 件，为国防尖端产品的研制做出了重大贡献，并得到上级嘉奖。1964 年10 月，开始试制轰5 镁铸件，于1966 年一季度完成镁铸件毛坯的试制任务。轰5 飞机镁铸件的试制生产，是工厂走向飞机大型镁铸件生产发展的标志，也为工厂后来承担轰6、运8 等大型镁铸件的生产打下了坚实的基础。

随着国产歼8 飞机研制工作的配套需要，张品修带领大家开始了对刹车附件的自行设计研制工作。经过3 年的艰苦努力，工厂为歼8 自行设计的附件结构新、体积小、性能好，满足了新产品设计要求，同时填补了国内一项空白，先后纳入了企业标准和部颁标准，为多种附件产品广泛采用，效果良好。

1962 年 5 月 18 日，国防部航空研究院和三机部航空工业局联合发文，共同组织歼 7 机的技术摸底工作。同年 7 月 24 日，工厂经过详细摸底上报了关于生产盘式刹车的关键难题。面对新工艺、新材料，张品修带领广大职工知难而进，终于攻克了盘式刹车这个飞机刹车装置的新的难题。

在致力军机刹车机轮、装置、系统生产、研发的同时，张品修带领工厂职工积极响应航空工业局提出的“在确保军需任务的完成和不断提高技术水平的基础上，军品民品同时并举”的方针，大力支援农业，大干机床武装自己。

1958—1959 年，生产了近 1400 台柴油机、594 台水泵，有力地支援了农业排灌。生产出 330 台六角车床，大部分留作自用，部分支援了兄弟厂。1960 年，生产近 100 台冷冻机。1965 年，生产立式空调机，三机部批准定名为“双燕”牌，前后共生产 500 余台。在张品修的带领下，工厂在建厂初期不仅开发试制了十几项民品，而且进行批生产，其产值占全部商品产值的 51.8%。这不仅为支援国家经济建设做出了贡献，而且学会了军、民品两套生产本领，同时锻炼提高了广大职工的生产技术水平，为工厂今后的发展奠定了基础。

1971 年 9 月，张品修不幸去世。

李德崇

李德崇（1921.3—　），江苏滨海人，宝成仪表厂（现陕西宝成航空仪表有限责任公司，简称中航工业宝成）首任党委书记；第三机械工业部第三设计院（现中航规划建设长沙设计研究院有限公司，简称中航工业长沙院）首任院长、党委书记。1940年5月参加革命，1942年2月加入中国共产党。曾在本乡农民抗日协会工作。1942年以后，历任滨海县獐沟区农民抗日联合会主任，中共华成区区委书记兼区长，中共东坎区区委书记兼区长。1947年任苏北兵团政治部随军工作团民运工作队队长。1948年参加淮海战役后，历任中共皖北区定滁地委宣传部科长，滁县县委委员兼城区县委书记、区长，滁县县委民运部部长、县委书记兼县长。1954年4月调沈阳航空喷气发动机厂（现中航工业黎明）任处长、党委副书记。1957年1月起任宝成仪表厂党委书记、国营庆安机械制造公司（现中航工业庆安）党委书记。1970年任湖南013基地党委委员、领导小组成员。1973年任新都机械制造公司（现中航工业成发）党委书记。1977年1月任第三机械工业部第三设计院党委书记。1979年11月调任国营湘江机器厂（现中航工业南方）党委书记。1983年12月离休。1988年获航空工业部颁发的“献身航空工业三十年”荣誉证书。

1957年1月，组织上的一纸调令，把时任沈阳航空喷气发动机厂党委副书记的李德崇，调到地处大西北宝鸡的宝成仪表厂任党委书记。一下火车，李德崇来不及拍掉身上的灰尘，就马不停蹄地投入到火热的生产建设现场。

李德崇多次在会上强调“领导是工人群众的朋友”。他是这么说的，也是这么做的。许多参加建厂的老同志都记得，李德崇还保持着过去部队的作风，总是穿着一套洗得有些发白的蓝色中山装。他经常深入到工人中间，和他们真心交朋友，问疾苦、问想法、讨计策、谋发展。他和蔼可亲，一点儿架子也没有，见到群众就打招呼。时间长了，大家也不把他当外人，什么话都喜欢和他说。

李德崇心系职工。20世纪60年代初的一个夏天，有一天上班时间突降暴雨，眼看积水就要漫进厂房。正在车间现场办公的李德崇二话不说，立即拿起工具，挽起裤腿，赤脚踏进积水，清理堵塞的排水口。在他的感召下，工人们也纷纷冲出厂房，投入到

李德崇（右一）陪同朱德委员长参观工厂

排水的工作中，避免了国家财产的损失。

建厂初期，来自祖国四面八方的建设者们物质生活极为匮乏，而繁重劳动之余的精神生活却丰富多彩。工厂经常组织开展丰富多彩的文娱体育活动，包括李德崇在内的厂领导也身体力行，和群众打成一片，既丰富了职工业余文化生活，提高了职工队伍的凝聚力，也改善了干群关系，使领导和群众的心贴得更近了。

在李德崇等工厂领导班子的领导下，宝成仪表厂作为新中国“一五”时期培育起来的工业长子，肩负起了我国航空仪表研制和生产的历史使命。从复制、仿制起步，到自行设计和研制，不断攻坚排难，宝成人填补了一项又一项空白，创造了一个又一个奇迹。研制生产的航空陀螺仪表，为年轻的航空工业的起飞，装上了明亮、敏锐的眼睛。不仅如此，1958 年 8 月，宝成仪表厂又接受了试制地地导弹自动驾驶仪的任务，仅用了一年半的时间，就成功试制出我国第一枚地地导弹自动驾驶仪；1961 年 5 月又成功试制出了空空导弹自动驾驶仪，填补了我国国防建设的空白。

宝成仪表厂在建成初期，就得到了党和国家领导人的高度重视和亲切关怀。党和国家领导人刘少奇、朱德、陈云、聂荣臻、谭震林、杨尚昆等先后来到工厂视察工作，给予了宝成人极大的鼓舞和鞭策，也有力地激发了广大员工为祖国航空事业拼搏奉献的干劲和斗志。李德崇作为工厂主要领导之一，几乎负责和参与了所有的接待任务。

“文化大革命”开始后，李德崇受到冲击，1978 年落实政策，彻底平反。

1977 年 1 月，第三机械工业部决定在湖南长沙市组建第三设计院，任命李德崇担任第一任院长、党委书记。1978 年，来自祖国四面八方、五湖四海的三院建设者们汇集在古城长沙南郊，在一片荒山墓冢之间，在李德崇的带领下挖下了第一铲土，从此用辛勤的汗水，开山铺路，建起了三院最初的雏形。

建院初期的三院什么都缺，缺人才、缺设备、缺资源，唯独不缺的是人心。李德崇知难而上、事必躬亲。为节约成本，办公家具都是自购木材、自请木匠和油漆工，做出来的办公家具不仅结实耐用还减少了一大笔开支。李德崇一心为民，想方设法为职工。一是通过各种途径为职工换取罐装液化气，改善职工的生活。二是为员工购置一台中巴车，免费接送员工上下班，大大地减轻了员工上下班长途跋涉的负担。“自己动手，丰衣足食。”李德崇经常将这句话挂在嘴边，并付诸行动。三院先后建立了小作坊、小商店、食堂、幼儿园、小学等公共设施，为改善和方便职工生活创造了条件。

作为设计院院长、党委书记，李德崇更多考虑的是设计院的健康可持续发展。他提出“边设计、边建设、边发展”的工作方针，把提高建筑设计质量、丰富建筑设计的内涵作为贯穿始终的首要目标来抓。严把质量关，实行技术责任制，从设计人员、项目负责人到院领导层层把关，发现问题，及时纠正。

1979 年 11 月李德崇调国营湘江机器厂任党委书记。1983 年 12 月离休。

刘亚欣

刘亚欣（1918.10—1987.4），河北雄县人，陕西机械厂（现西安飞机工业（集团）有限责任公司，简称中航工业西飞）创建人，党总支书记；012基地办事处（现汉中航空工业（集团）有限公司，简称中航工业汉航）主任。1938年3月投身革命，1939年加入中国共产党。曾任河北省冀中十分区民众自卫军连指导员、双党区游击队队长。1940年10月转入公安战线，历任一联县公安局副局长，二联县公安局局长、县委常委，冀中分区公安办事处副主任，冀中党校甄别大队支部书记、队长。新中国成立后历任河北省公安厅二处副处长，天津专区公安处处长、代理专员等职。1953年转业到航空工业，任北京南苑飞机修理厂基建副厂长；1956年4月，第二机械工业部航空工业局在甘肃张掖地区成立陕西机械厂建厂筹备处，任筹备处主任；1956年6月，张掖建市，被任命为市委常委；1958年1月，任陕西机械厂党总支书记，直属中共陕西省委领导；1958年9月，第一机械工业部航空工业局成立阎良建厂工作处，任工作处主任；1958年12月，建厂工作处撤销，改任陕西机械厂基建副厂长，统一领导阎良地区航空厂所基建工作。1966年11月，任第三机械工业部驻汉中地区012基地办事处主任。1983年4月离休，1987年4月去世。

1953年我国开始实施发展国民经济第一个五年计划，把航空工业放在优先发展的重点位置，在人财物等方面投入巨大力量。1956年，第二机械工业部航空工业局在甘肃张掖地区成立陕西机械厂建厂筹备处，调刘亚欣为筹备处主任。1956年上半年，甘肃省在张掖地区建市，刘亚欣被任命为市委常委。当年年底，陕西机械厂在张掖沙井子地区破土兴建。当地自然条件非常艰苦，刘亚欣吃苦在前，率领大家自力更生开展筹建工作。

1957年9月，根据上级指示，陕西机械厂由甘肃张掖地区搬到陕西阎良地区，空军将其在阎良的11航校校舍、机场等移交给陕西机械厂和飞行试验研究院。刘亚欣带领筹备处全体人员开始撤离张掖地区，原来已经汇集各路人马2000余人的队伍，经妥善处置安排，仅有63人搬迁至阎良。

1958年1月，经上级党委批准刘亚欣任中共国营陕西机械厂党总支书记，直属中共陕西省委领导。大规模的工厂建设在阎良全面铺开。

1958年上半年，刘亚欣在各级领导的支持下，组建基建队伍和组织机构。他将来自张掖筹备处、国营松陵机械厂（现中航工业沈飞）的基建干部和业务骨干及航空工业局干部培训班分配来的学员、教员集中在一起，成立6科2室，重点抓了征购土地、拆迁民房、勘察设计、物资供应、水电路通和平整土地等施工准备工作，协助有关部门进行水文勘测。

在水源地未开发建成之前，刘亚欣组织筹建人员解决了最大的难关——现场施工用水。他们在生活区打井，成立青年爆破队，克服工作条件差、器材缺乏等困难，自力更生，艰苦奋斗，为生产生活区通了水。接着是通电、通路。刘亚欣亲自与西安电力部门、临潼县政府、省公路局等多方面协商洽谈，保证了工厂建设进度的需要。

建厂初期，工作生活条件相当艰苦，刘亚欣要考虑的事可谓千头万绪，他以高度的责任心，敢于担当，敢负责任，发动职工献计献策，集中力量打两个厂房建设的歼灭战，提高了效率，加快了进度，保证了按期开工。他身先士卒，风里来雨里去，和基建职工一起抢险，并亲自掏厕所疏通堵塞的管道，在职工中传为美谈。

1958年5月8日，刘亚欣和建厂筹备处职工们以无比喜悦的心情庆贺工厂第一座建筑——15区10栋开始施工放线。这一天后来被定为建厂厂庆日。16日第一条道路动工之后，刘亚欣带领职工们投入到职工宿舍（单身和家属）、食堂、医院、子弟学校、托儿所、澡堂等生活区建设之中。

6月21日，刘亚欣主持召开陕西机械厂首届党员大会，在会上提出了“生产、基建双方密切协作，共同努力，苦战两年，建成新厂”的建厂方针。

9月，刘亚欣按上级要求主持召开了建厂工作处总支委员扩大会，决定把基建单位、施工单位、转交单位和设计单位统一组成现场指挥部，减少互相之间的制约，广大职工发挥聪明才智，解决了许多技术难题，提高了工作效率。

12月，航空工业局决定撤销阎良建厂工作处，所有基建工作由陕西机械厂负责，任命刘亚欣为基建副厂长。

1959年4季度—1960年上半年，生产区已经建设了一批厂房，为试制生产创造了条件。

1960年6月党委提出“一手抓生产，一手抓基建，进一步贯彻全厂办基建”的口号，刘亚欣作为基建指挥部的总指挥，负责全面组织领导工作。各生产车间抽出生产工人支援土建和设备安装，加速了建厂进程。1960年12月，国务院副总理聂荣臻来厂视察，指出“基本建设必须树立百年大计思想”，对受“大跃进”的影响，基建设计施工出现的问题必须认真检查，质量不符合要求的，及早返修加固。此后至1961年，工

刘亚欣（前排左一）陪同国务院副总理王震检查工作

厂进入调整建设时期。

1962 年 6 月，刘亚欣任第一副厂长代总工程师，负责产品试制工作。1963 年，开始了生产配套工程的续建和新建，他总结以往的经验教训，注重建设质量，后期厂房建成后都取得良好效果。

1966 年 11 月，刘亚欣调任三机部驻汉中地区 012 基地办事处主任。随着大规模基本建设的进行和生产试制工作的展开，刘亚欣一方面加强了对基本建设的领导，同时逐步建立和健全了生产指挥系统。

1973 年中共陕西省委调整和充实了中共汉中地区航空工业核心小组成员，刘亚欣总负责，这次机构的调整，为以后基地的工作重心由基建转向生产、试制做好了组织准备。

1970—1975 年，为 012 基地大规模施工和边基建、边生产、边试制时期。1969 年 11 月，中央批准 012 基地由歼击机生产基地改为建设大型运输机生产基地。刘亚欣组织基地人员及时调整规划，展开了运输机主机厂和其他一些工厂的建设，基地进入大规模施工时期，新开工建设的单位 14 个。这期间，霹雳 2 号空空导弹试制成功并转入批生产，大部分工厂也陆续投入生产，基地有了初步发展。1974 年基地扭亏为盈，开始上缴利润；1975 年末运 8 飞机在汉中试制成功。

1976—1979 年，为 012 基地生产进一步发展，全面开展企业管理时期。1976 年

12 月，刘亚欣负责党的核心小组全面工作，组织开展了机关整风和机关机构改革。基地经过十几年的建设，已形成了一定的生产能力，生产有了较大的发展，管理水平有了较大的提高，经济效益明显增长。在此期间，012 基地克服了种种困难，完成了运 8 飞机设计定型工作。1981 年 12 月刘亚欣退居二线，1983 年 4 月离休，1987 年 4 月去世。

纪振宇

纪振宇（1925.9—1989.10），河北丰润人，国营兴华电器厂（2002年12月与洛阳航空电器厂重组为中航光电科技股份有限公司，简称中航光电）首任厂长。1944年7月参加革命，1945年8月加入中国共产党。1944年7月—1950年6月在冀东18军区任文化教员，文书、干事，曾在第二野战军某师任干事。1950年7月在国务院中央检察委员会办公厅任秘书，11月在沈阳空军后勤部任宣传科长。1952年7月从部队转业，在国营第112厂（现中航工业沈飞）任车间主任。1954年5月，在上海华林电器厂任总工程师。1956年3月在由上海华林电器厂改建的上海航空电器厂任总工程师。1958年7月—1964年4月在沈阳兴华电器厂任厂长，研制成功我国第一代小型快速插头座。1979年调到青岛国营前哨机械厂（现中航工业前哨）工作，任党委副书记、厂长。1983年离休，1989年10月去世。

纪振宇是我国早期从事电连接器研制生产工作的领导人之一。1956年12月，二机部决定将沈阳第三研究所迁往西安，取消俄校，并将两个单位的房产设施及部分人员和国营第112厂锻造车间全部设施及其人员，均划归上海航空电器厂，成立上海航空电器厂沈阳综合车间。1957年8月，纪振宇率工作组来沈阳选择厂址，他曾6次往返于北京、上海、沈阳之间，经过反复协商，最后决定在沈阳改建航空电器厂分厂。

1958年2月，纪振宇组织召开了工厂第一次技术会议。在该次会议上纪振宇会同技术人员就解决技术管理、生产管理等方面的有关问题展开了讨论，会议的成功召开对工厂的技术改革起到了重要的作用。

1958年3月，纪振宇带领广大干部职工，首次完成仿制3种普通圆形插头座新产品定型任务，成功仿制第一批航空P形插头，从此结束了我国不能生产插头座的历史。到1958年10月，共仿制定型了73种型号，生产出50444套产品。接插头的仿制成功，标志着工厂的技术能力逐渐走向成熟，初步形成了生产航空插头座的能力，实现了“一个季度改建，一个季度仿制生产定型”的目标。

1958年6月，纪振宇组织技术人员承担了ZKP－10自动保护开关的试制任务。10月，兴华电器厂开始生产航空微型电机，使工厂具备成批生产4种类型共9个型号的微型电机的能力。

1958年7月，航空工业局决定，改建沈阳航空电器厂分厂，成立航空电器接插件附件厂，将沈阳航空电器厂分厂扩建为兴华电器厂，纪振宇被任命为兴华电器厂厂长，开始了在兴华电器厂艰苦的创业历程。

1959年，纪振宇为满足配套需要，开展了产品测绘仿制，为62式（歼7）飞机配套测绘了X形系列小快插头座25种型号，试生产定型11种型号。不仅满足了主机的配套急需，同时促进了工厂科研技术水平的提高。

1961年7月，在纪振宇和技术人员刻苦钻研和不懈努力下，兴华电器厂自行设计并研制成功了首批ZC－45自动脱落插头座并设计定型。该项目的研制成功，标志着兴华电器厂插头座生产从仿制进入了自行设计的阶段。该项目受到了国家经委、计委、科委的表彰和奖励，为航空工业做出了突出贡献。

1961年，纪振宇作为兴华电器厂代表参加了在北京召开的国防工业三级领导干部会议，回沈阳后立即召开会议落实会议精神，提出“军工产品质量第一”的要求，组织开展了“质量整风运动”。在国民经济遭受严重困难期间，他排除干扰，抓整顿、抓生产，对统一干部、群众的思想，稳定职工情绪，起了重要作用，是工厂生产发展史上的一个重大转折。

纪振宇工作照

1963年，纪振宇针对CZ－1电机试生产中出现的问题，组织科研小组进行技术攻关，和科研人员奋战在生产一线，于1965年5月实现该产品的工艺定型，并开始CZ－1A研制工作。

1979年纪振宇调到青岛前哨机械厂任党委副书记、厂长。1983年离休，1989年10月去世。

刘 刚

刘刚（1912.11—1997.2），河北南皮人，陕西机械厂（现西安飞机工业（集团）有限责任公司，简称中航工业西飞）首任党委书记兼厂长。1931年“九·一八”事变后，刘刚参加了北京学生赴南京示威活动。考入北京中国大学后，与进步同学一起进行革命活动，1936年3月参加共青团。1937年卢沟桥事变，他在还差一年大学毕业的情况下辍学南下，参加抗日救亡运动。1937年10月加入中国共产党。1946—1952年，先后任太行区八地委副书记兼组织部长、区党委党校副校长、一地委书记，平原省新乡地委书记，平原省委组织部副部长等职。1953年起，先后任河南省委宣传部长、省委副书记兼宣传部长，洛阳拖拉机厂党委书记兼厂长，1958年7月任陕西机械厂党委书记兼厂长。1962年夏，调任中共中央西北局候补书记兼宣传部长。1978年6月，任中共陕西省委常委、宣传部长。1979年1月调天津工作，任中共天津市委书记、市革委会副主任。1980年5月当选为天津市第九届人民代表大会常务委员会副主任。1997年2月去世。

1958年7月，刘刚调陕西机械厂任党委书记兼厂长。刚到阎良之初，在基建队突击搭建的平房里住宿和办公，他不在意这种艰苦的条件，不讲待遇，不搞特殊，和工厂的早期建设者们一起吃杂面馍就咸菜。给他配的车他供大家用，自己经常挤公共汽车，出差和随员同住一室，住宿紧张时甚至打地铺。困难时期，为节省汽油，他不顾腿疾，组织职工一起到粮站背粮到食堂，解决干部职工吃饭问题。

刘刚日夜奔波积极组建工厂第一任领导班子，马不停蹄地赴北京与部领导商定工厂领导班子成员，和班子成员见面谈话，当时国营松陵机械厂（现中航工业沈飞）输送的干部成为工厂建厂初期的主要力量。1959年刘刚又与洛阳中国第一拖拉机制造厂领导协商，调来科级以上政工干部25名，在很短的时间里汇集成1万多人的职工队伍，其中有一大批生产技术骨干和政治工作骨干。

队伍组建起来以后，由于人员来自四面八方，职工对飞机制造知识十分缺乏，工厂面临着全员培训的问题。以刘刚为首的厂党委决定：自力更生、八方求援，采取多

1986年刘刚参观工业展览

种形式，千方百计大抓职工学习，大搞徒工培训，以提高职工素质。业务学习培训在那时开始形成习惯和制度坚持下来，有学习、有比武、有考核，工厂各级领导带头学习，带头操练，有效促进了职工业务素质的提高，为工厂尽快试制产品提供了技术保证。

在陕西机械厂的建设中，刘刚集中大家的智慧，很快对厂区、生活福利设施提出规划。他知人善任，用人所长，充分调动班子成员的积极性。同时，刘刚发扬民主作风，注意联系群众，对于自己不熟悉的问题，总是多方请教，尊重内行意见，成熟后再作结论。他平易近人，坚持深入实际，蹲点劳动就是他建立的联系群众的制度。1959年，工厂处于生产准备阶段时，他到机加筹备组蹲点，把党的关系也转到那里，一起劳动，一起过组织生活，遇有事外出都向党小组请假。他虽腿脚不便，照样帮师傅擦机床、搬零件，师傅不在就上机床顶岗干活。工人看到他加工的零件质量很好，都说厂长是一个很好的车工。有人劝他工作繁忙，身体又不好，不要再下来劳动了。刘刚却说："同事朋友要心心相印，不来劳动，不成为工人中的一员，就不了解情况，我这个厂长就做不好工作。"1962年刘刚调离工厂，但蹲点劳动已成为工厂领导联系群众，做好工作行之有效的一项制度坚持下来。

1959年建厂工作开始，如何保证工程质量，刘刚与主管设计部门存在分歧，刘刚敢于秉公直言，使总设计部门重视工厂提出的意见，改进设计，提高了工程质量。工厂领导班子引以为戒，重视基建质量和飞机产品质量，从生产准备抓起，不断整改，为工厂的发展打下了良好的基础。

1962 年夏，刘刚调任中共中央西北局候补书记兼宣传部长。“文化大革命”中，刘刚遭受迫害。1979 年 1 月，调天津工作，任中共天津市委书记、市革委会副主任。1980 年 5 月，当选为天津市第九届人民代表大会常务委员会副主任。在此期间，刘刚参与市委、市人大常委会、市政府的领导工作，坚决拥护并积极贯彻执行党的十一届三中全会的路线、方针和政策，认真平反冤假错案，整顿和发展天津市科学教育事业，大力发展经济建设，对天津市人大工作机构、工作制度的建立和行使立法、监督做了大量工作。

刘刚于 1997 年 2 月去世。

霍　瑛

霍瑛（1919.11—2005.1），山东博兴人，国营万里机电厂（现兰州万里航空机电有限责任公司，简称中航工业万里）首任厂长。1939年参加革命，1940年4月加入中国共产党。1940年1月起，先后在山东省博兴县委工队任队长、博兴县五区区公所任财政股长，博兴县县委社会科科长、博兴县公安局长。1943年8月调山东省庆饶县任公安局长、庆饶县代理县长兼公安局长。1947年6月任山东渤海专署公安局副局长。1948年12月任南下干部大队副大队长。1949年5月任杭州人民检察署副检察长、民政厅副厅长。1958年8月调国营万里机电厂任厂长，1970年8月任国营新兰仪表厂（现中航工业兰飞）党委副书记。1973年4月调湖北荆门宏图机械厂任厂长兼党委副书记、书记。1981年后调中国航空技术进出口总公司任副总经理兼驻约旦王国分公司总经理、党委书记。1988年获航空工业部颁发的“献身航空工业三十年”荣誉证书。1984年离休，2005年1月去世。

1958年8月，霍瑛到兰州国营万里机电厂任厂长，当时的万里机电厂正处于创业的艰难时期，工厂基建正处于紧张施工阶段，设备刚开始安装。工厂投产时间原计划在1959年，后提前到1958年，并要求在1959年4月前试制出3种产品。这使得时任厂长的霍瑛感到压力很大：对基建进度、人员情况不摸底；设备材料、物资供应、产品难易情况也不清楚；生产准备时间和试制周期都很短。围绕保证任务按时完成，霍瑛组织工厂重点抓了4个方面工作：一抓人员，二抓技术资料准备工作，三抓工具材料，四抓基建进度。经过一个多月的努力，在兄弟单位的大力支持下，调进370名职工、15名科长和车间主任以上领导干部，采购到一些必不可少的工具，安装起20多台机床，并从兄弟厂借到500千克钢材，自行设计了工具图样，工厂于1958年9月28日提前投产，闯过了开工关。经过日夜苦战，完成了APY－2A型产品等技术资料的复制任务。

1959年初，工厂接到新任务：为“飞龙”201配套20多项产品。3月，苏联产品样机和技术资料陆续从国营伟建机器厂（现中航工业哈飞）转来，工厂随即投入到试制阶段。这一时期，上级为万里机电厂聘请了一批苏联专家来厂指导工作，霍瑛经常与专家交谈，共同制订产品试制计划，并建立了记录制度，使专家的每项建议和技术问题的解决都有据可查。工厂重视专家的生活、友谊和交往，在厂工作期间，苏联专家工作积极努力，帮助工厂在新品试制方面打下了一定的基础，并为工厂培养了一定的技术力量。

霍瑛生活照

1961—1966 年，在霍瑛的带领下，企业生产秩序逐步走上正轨，以歼 6、歼 7 飞机配套产品为中心，全面铺开了产品试制工作，但当时面临的困难和问题很多，首先是新品试制能力差，水平低，周期长；其次是工厂生产设备能力不成套，热加工能力和冷加工能力不适应，也由于锻造厂房未建成，热加工设备不能安装使用；第三原材料、辅助材料、成件供应紧张。透过现象看本质，霍瑛认识到，在组织新品试制中存在的根本弱点是：技术水平低，经验少；技术管理不严密，漏洞多；缺乏有力的生产技术上的集中指挥。为了保证完成新品试制计划和国家下达的各项主要经济指标，霍瑛果断采取了一系列有效措施：一是执行了有关生产技术方面的奖励制度，鼓舞了职工情绪，掀起了生产热潮；二是改进计划管理，除下达年度计划和组织措施外，根据实际情况，适当调整计划，划分阶段，缩短战线，集中力量打歼灭战；三是加强以生产长为中心的调度智慧，业务科室人员深入车间工段，提高预见性，狠抓薄弱环节；四是提高新品试制质量，必须吃透技术关键，及早排除各种生产障碍；五是在新品试生产的组织工作方面，必须全面、确切、及时掌握新品试生产的整个过程。1960 年底—1961 年初，工厂开展了以整顿质量为中心的企业整风，进行了产品优质过关和基础整顿工作，巩固了生产阵地，渡过了难关。

从 1963 年起，新品试制管理工作全面铺开，基建在进行加固返修的同时进行第二次调整设计，生产技术和财务管理进一步加强。工厂于 1966 年 11 月由国家正式验收，标志万里机电厂建设任务基本完成，进入发展壮大时期。从 1963 年到 1965 年这段时期，工厂各项经济指标完成良好，出现了生机勃勃的景象，这也是工厂历史上形势较好的时期之一。

1966—1976年，尽管工厂科研生产在“文化大革命”影响下受到了很大破坏，但由于在“文化大革命”之前工厂已具备了一定的物质技术基础，在霍瑛及工厂领导班子的带领下，广大干部职工从巩固国防、加强战备的大局出发，抵制“左”的错误，产品试制工作仍然取得较大进展，表现在技术发展上，从复制、测绘仿制、改进改型到自行设计交叉进行，先后生产定型新产品39项，设计定型35项。

1970年8月，霍瑛调离万里机电厂先后到兰州国营新兰仪表厂、宏图机械厂、中航技公司工作。1984年离休，2005年1月去世。

杨爱华

杨爱华（1913.3— ），河北盐山人，国营万里机电厂（现兰州万里航空机电有限责任公司，简称中航工业万里）首任党委书记。1937 年 11 月参加革命工作，1938 年 3 月加入中国共产党。曾任八路军连政治指导员、营政治指导员、团政治委员等职务，在这期间，参加的大小战斗战役七八十次。后任军政大队、总队政治委员，军事学院装甲兵系副政治委员。先后荣获中华人民共和国二级独立自由勋章一枚、二级解放勋章一枚、抗日战争胜利 60 周年纪念章一枚。1958 年 8 月调兰州国营万里机电厂任党委书记，1975 年 12 月调景德镇国营昌河机械厂（现中航工业昌飞）任党委书记。1983 年 10 月离休。

1958 年 8 月，杨爱华调到兰州国营万里机电厂任党委书记。杨爱华在万里机电厂工作期间是工厂创业的艰难时期，他带领广大职工克服种种困难，不仅迅速完成了建厂工作，而且调整和发展生产规模，使工厂进入了全面发展的时期，为万里机电厂的发展奠定了良好的基础。

为了使工厂尽快形成生产能力，杨爱华统一党委领导的认识，号召全厂干部职工苦干、巧干，在他的带领和号召下，200 名职工大搞义务劳动，用了不到一个月的时间建成了锻铸厂房，成为建厂史上的奇迹。工厂从 1958 年 5 月破土兴建，到 1959 年 10 月开工生产，仅用了一年半的时间，工厂已初具规模。到 1960 年 2 月，工厂建成厂房面积 31769 米^2，达到初步设计的 70%。

在基本建设经过 4 个月紧张的施工，创造了部分生产条件后，工厂立即着手生产准备工作。从生产准备到开工生产，从新品试制到生产定型，几乎每前进一步，都要遇到困难。当时开工生产遇到的第一个难题就是材料供应不足，由于工厂开工较原计划大大提前，除部、局拨的少量材料外，其他如有色金属材料和各种辅助材料均无着落，第一个新品 APY－2A 需 82 项材料，可到了 10 月份仅 8 项到厂，还有设备不成套、工具设备生产能力不足、技术力量薄弱、生活条件困难，交通运输不便等诸多困难。在这种情况下，他号召全厂职工“团结一致，战胜困难”，提出了“边基建、边试验、

杨爱华生活照

边生产”、“自力更生为主，力争外援为辅”的方针。在党委的号召下，广大职工发扬敢想、敢说、敢做、苦干、实干、巧干的精神，到1959年9月，在只有20多台机床的情况下，迅速组织了开工生产。工厂党委根据当时的情况，提出了“以生产任务带动基本建设，互相促进”的口号，在设备上提出了“边安装、边验收、边动用”的口号，工具车间首先开工生产，大大推动了其他厂房的建设，各车间开展了新品仿制工作，到1959年12月底，仿制和装配出两种产品，提前48天完成总产值计划，实际完成总产值为国家计划的173%，完成商品产值为国家计划的138.53%。

工厂初具规模后，杨爱华认真分析了工厂的形势，认为在生产任务重、条件差、群众干劲大的情况下，应当保护群众积极性，并把这种积极性组织引导到巧干上来。因此，党委向全厂职工提出了大搞技术革新的号召。全厂职工闻风而动，工厂成立了科学技术协会和技术革新委员会，由党委书记杨爱华和总工程师牵头，基层相应成立分会；工厂利用各种形式进行宣传，基层设立“关键台”，按月公布关键课题，组织职工攻关，给予突破关键者表彰奖励；领导干部和技术人员深入生产现场，及时协调和解决问题；提倡群策群力，当时的检验科电机实验室创造的11项设备都是靠发挥集体力量完成的；广泛交流经验，开展各种形式的竞赛评比。1959年12月，出台革新项目9653条，实现了3370条，其中重大项目238条，为国家增产节约100万元，工厂也因此获得“兰州市技术革新红旗单位”称号。

1960年工厂的党组织建设也得到发展，党组织由建厂初期2个支部扩大到2个党总支（下属6个分支）、15个支部。

自建厂以来，杨爱华和工厂领导班子认真执行“边基建、边试验、边生产”的方针，一手抓生产，一手抓生活，在确保国家计划全面完成的同时，大力做好职工的生活福利工作，本着自力更生的精神，大办自给性副业生产，为职工开办集体食堂，合理安排职工住宿、开展群众性文体活动，加强医疗卫生工作，筹建职工医院，解除职工的后顾之忧。

“文化大革命”中，杨爱华受到不公正对待，受到批斗。1969年10月他重新担任了万里机电厂党委副书记。1975年12月，调景德镇国营昌河机械厂任党委书记。1983年10月离休。

骆斐然

骆斐然（1912. 10—1999. 12），河北曲周人，航空工艺与生产组织研究所（现北京航空制造工程研究所，简称中航工业制造所）第一任党委书记。1929年9月，在河北省立大名第七师范学校读书，1932年10月—1934年8月，在河北省巨鹿县第五高级小学和曲周县骆庄村初级小学任教员，1936年5月入党，1936年9月参加红军，历任学员、文化主任教员、团政治处主任、团政委、军分区政治部主任、师副政委、师政委。1958年9月任航空研究院航空工艺与生产组织研究所党委书记、政治委员；1964年9月任航空研究院四所政治委员、第三机械工业部航空情报研究所（现中航工业发展中心）党委书记。1988年荣获航空工业部颁发的“献身航空工业三十年”荣誉证书。1982年8月离休，1999年12月去世。

1957年7月，航空工艺与生产组织研究所在北京成立，骆斐然于1958年9月任所党委书记。建所初期，首要的问题是所址的选择和研究方向的确定。研究所先后在原北京工学院、第四设计院度过3年。1958年，全国“大跃进”，研究所几百个科研项目一哄而上，浮夸作风泛滥。刚刚上任的骆斐然面对这种情况，将统一思想作为首要任务，他组织召开辩论大会，最终领导全所职工在中共党的“八大”精神鼓舞下，确定了制造技术研究必须坚持理论联系实际，科研必须与生产结合、为生产服务的指导思想，这对研究所今后的成长和发展起到正确而关键的导向作用。

1960年初，研究所定址朝阳区八里桥，利用炮六师营房建所。建所初期，没有生产厂房，没有食堂宿舍，遇到刮风便灰沙满天飞，碰到下雨道路便泥泞不堪，很多职工因为营养不良而全身浮肿，作为党委书记的骆斐然将这些看在眼里，急在心头。他带领全所职工开荒种地、搭建房屋。在没有科研场地的情况下，骆斐然就想办法利用炮库、车库，组织职工自己动手改建了实验室和车间；同时，对全所职工反复进行建所指导方针教育，他还邀请了航空工业专家、教授来所讲授航空工业专业知识和航空工艺的重要性，提高职工的认知程度。

1960年12月，研究所归属国防部航空研究院建制，骆斐然借助归军队建制的东风，首先抓形势和任务教育，并要求全所职工必须树立“五个观念”，即集体观念、荣誉观念、建设观念、战备观念和任务观念；做到“四心一钻”，即决心、信心、安心、同心和钻研技术业务。“四心一钻，五个观念”从酝酿提出到完整形成，历经 3 年时间，经过在实践中充实，深入人心，对培养职工集体主义思想，巩固职工队伍，激励斗志，艰苦创业起到推动作用。针对建所初期科技人员被作为“救火队”的情况，又提出了“武装上前线”的口号，即带着科研成果下厂，既要解决生产技术关键，又要为新型号研制储备技术，发挥科学研究所的作用。

研究所工艺专业科研队伍在经历了一系列的研制任务锻炼后，能力迅速提升，在完成米格 –21 散装件装配研制任务后，还完成了国家重点任务“螺旋桨桨叶重点工序加工工艺及专用设备的研究”。当苏联宣布停止向我国供应螺旋桨成品的时候，上级单位责成研究所负责螺旋桨桨叶加工专用设备及加工工艺的研究。接到任务后，研究所将空气螺旋桨桨叶重点工序加工工艺及设备的研制工作列为全所重点科研任务之一，组织了工艺及专用设备技术骨干 30 人，与新组建的螺旋桨制造厂协作。

骆斐然经常到科研生产一线，他总是鼓励科研人员，要本着自力更生的精神，不怕苦不怕累，成功总是赋予有准备的人，只要大家团结一心，就没有过不去的坎。就这样，在党委的鼓舞下，在领导的关怀和期盼中，经过全体科研人员的共同努力，最终确定了桨叶的胶接工艺及参数，设计研制成桨叶加工专用设备 11 台，编制了重点工序加工方法技术文件，加工出了合格的桨叶，达到当时苏联同类产品水平，全部设备经螺旋桨制造厂鉴定验收，投入批生产。

1963 年 10 月，航空军工产品定型委员会对木质螺旋桨桨叶进行鉴定，称赞桨叶试制成功，填补了我国航空工业螺旋桨专业的空白。

涡轮风扇是飞机动力装置的一个发展方向，是提高发动机推力和降低耗油率的一个重要产品。1964 年年初，航空研究院发出试制涡轮风扇发动机后风扇改型的指示，确定研究所为总工艺师单位，负责关键部件涡轮转子的制造。其中，52 片转子叶片是该任务的核心，时间短、加工难度大。

在这种情况下，骆斐然提出把政治思想工作渗透到科研生产活动中去，保证科研和试制任务的顺利完成；行政后勤管理工作本着处处为科研，牢固树立为科研工作和科研工作者服务的思想，改善服务与被服务间的关系。全所广大干部职工积极响应党委号召，成立研制领导小组，统一调动全所科研、工艺、试制力量，组织全所“大会战”。全所职工齐心协力，科研人员加班加点，终于提前 18 小时 25 分胜利完成任务，从接受任务到转子总装结束，只用了 10 个月的时间，为整个任务的顺利完成做出了突出贡献。研究所被航空研究院确定为当年的先进单位。

骆斐然 1964 年 9 月调国防部航空研究院四所任政治委员、三机部航空情报研究所党委书记。1982 年 8 月离休，1999 年 12 月去世。

马诚斋

马诚斋（1916.5—1978.4），山东恩县人，国营长春机械厂（现长春航空液压控制有限公司，简称中航工业吉控）第一任厂长。1934年参加革命工作，同年加入中国共产党。抗日战争时期先后担任中共恩县第一届县委书记、中共鲁西北特委宣传部部长、中共卫东地区地委书记、运西地委宣传部部长。1947年7月任聊城地委副书记兼社会部部长。1949年6月被调到华北大学（后改为中国人民大学）任党委副书记。1950年抗美援朝开始，被分配到空军后勤部任政治处主任、东北空军干部学校副政委。1953年被调到长春第一汽车厂任副厂长。1958年10月调任国营长春机械厂厂长；1960年夏调国家经委七局和企业管理局负责物资供应和企业管理工作。1963年2月调国营峨嵋机械厂（现中航工业成飞）任厂长。1978年4月去世。

1958年，为了满足东北地区航空工业各主机厂配套要求，第一机械工业部决定在长春建立一家综合性航空附件厂，建厂工程于1958年10月破土动工。1958年10月，马诚斋任新组建的国营长春机械厂厂长。

作为厂长，马诚斋自1958年第四季度起，在工厂党委的领导下，组织进行了人员集结、建立组织机构、讨论工厂设计方案和主要厂房的设计施工图样、做好基建施工准备等项工作。当时虽然已决定实施建厂工程，但在1958年，一机部航空工业局将工厂确定为“自由上马”项目。马诚斋积极想办法，在省、市有关部门的支持和兄弟单位的援助下，自行解决了国拨材料和地方配套大宗材料的来源和运输问题，为建厂工程提前动工创造了条件。

1959年，由于“大跃进”的干扰，工厂先是被确定为“当年建成”，后国家为缩短基本建设战线，又将工厂列为“年度停建未完工程”。这在一定程度上造成了干部职工思想上的波动和认识上的混乱。马诚斋从大局出发，坚决反对“停建”、“散伙”等消极言论。在向长春市委汇报工作时，他代表工厂提出了“坚决贯彻全国一盘棋的方针，自力更生，艰苦奋斗，为更好地完成光荣的建厂任务而奋斗”的口号。马诚斋自觉服从国家需要和上级的安排，利用工厂缓建的时机，积极组织了大规模青年职工

马诚斋工作照

培训工作。在基本建设材料供应、施工力量和技术力量都严重不足的情况下，在中共长春市委的支持下，马诚斋努力创造条件，充分调动广大职工的主动性、积极性，成建制地组织干部、职工参加基建义务劳动；与建筑施工单位团结协作，密切配合，调剂解决建材缺口，完成了3号厂房的建设；同时，建起了职工食堂和部分职工宿舍。

当年，工厂提前45天完成了预定的基本建设投资计划，完成工程量达到3.1万米^2，使工厂具备了最基本的生产条件，职工和家属具有了基本的生活设施。在当时的客观条件下，这是一个难能可贵的成绩。同时，马诚斋积极贯彻工厂党委提出的“边基建、边试制、边生产”的方针，在正在建设中的3号厂房内，成立了机修、工具、装配、铸造等临时车间；土法上马，生产出10台C616车床。

在马诚斋主持下，工厂初步建立并逐渐完善了组织机构。到1959年底，已建立起4个车间和一个筹备组、18个职能科室（包括管理基本建设工作的2个科室），职工总数达到1620人。

1960年初，建厂工程初步设计方案正式获得国家批准，工厂迎来了建厂初期基本建设的高潮。马诚斋积极组织落实了各项施工准备工作，使基建工程得以在早春时节提前开工。1960年3月7日，在施工现场召开了基建工程开工典礼大会（工厂因此确定每年的3月7日为建厂纪念日）；5号（热加工）厂房、21号（供暖、动力）厂房、1号（机加）厂房等先后投入施工。

马诚斋在积极协助、配合施工单位进行基建施工的同时，在未完工厂房的临时车间里，开始组织进行研制航空产品的生产准备工作；通过开展增产节约运动，有效地减少了浪费，增加了企业的效益，减轻了国家的损失；狠抓了以整顿质量为中心的整风运动，实施了边整边改的方针，在全厂范围内进行了有重点的质量大检查工作；同时，加强质量第一方针的教育工作，增强了干部职工的质量意识和国防观念。

20 世纪 50 年代末、60 年代初，以马诚斋为厂长的国营长春机械厂职工，在工厂党委的统一领导下，满怀着振兴祖国航空工业的理想，承担起在国民经济暂时困难时期新建工厂的历史重任；在物资匮乏，生活、工作环境都十分艰苦的情况下，发扬了大庆人“有条件要上，没有条件创造条件也要上”的精神；克服重重困难，开展了支援建厂施工、大规模职工培训、土法实施民品生产、在未完工的厂房内进行研制航空产品的生产准备等各项工作；初步纠正了基建工程和产品试制过程中只重进度、不顾质量的倾向；保持了基本职工队伍的稳定，较好地完成了建厂初期的各项任务；为工厂在 1964 年基本形成研制生产能力并一举扭亏为盈、1965 年完成基本建设工程并通过国家验收奠定了良好的基础。

1960 年夏，马诚斋调国家经委七局和企业管理局工作；1963 年 2 月调峨嵋机械厂工作。1978 年 4 月去世。

韦锡琢

韦锡琢，国营长春机械厂（现长春航空液压控制有限公司，简称中航工业吉控）第一任党委书记。原在长春第一汽车制造厂工作，1958年10月任国营长春机械厂党委书记，1963年2月调农机部上海柴油机厂任党委书记，后担任上海市房地局党委书记。

1958年，为了满足东北地区航空工业各主机厂的配套要求，第一机械工业部决定在长春建立一家综合性航空附件厂，中共吉林省委调原在长春第一汽车制造厂工作的韦锡琢担任新组建的国营长春机械厂党委书记。

建厂之初，如何把年龄参差不齐、来自不同的地域和不同行业、生活习惯及工作方法各不相同的职工团结在一起，共同开创新的事业？这是摆在第一任党委班子面前的首要问题。韦锡琢组织工厂党委着重抓了党建工作，注重发挥各级党组织的战斗堡垒作用和党员的先锋模范作用；对广大职工进行了入厂教育，讲国际、国内的形势，明确建厂的任务和建厂的重大意义；教育职工艰苦奋斗，奋发图强，为祖国的航空事业、为完成艰巨而光荣的建厂任务齐心协力、团结奋斗。

建厂初期，面对的是“大跃进”特定的历史环境。建厂工程开始后的1959年，项目即被列为“年度停建未完工程”。进入1960年，上级又要求在第三季度基本完成基建工程，开始进行生产。但是，当时国民经济已进入困难时期，各种建筑材料供应严重不足，致使工程无法按期完成。1961年，基建工程又转入停缓建。1963年，上级决定缩小建设规模，补缺配套，尽快形成生产能力。面对复杂的局面，为了保持企业稳定和锻炼职工队伍，并尽快形成生产能力，减轻国家负担，韦锡琢团结党委一班人，于1959年提出了“坚决贯彻全国一盘棋方针，发扬艰苦奋斗、自力更生精神，多快好省地做好建厂准备工作，完成建厂任务”的指导思想，提出并坚决执行了“边基建、边试制、边生产”的“三边”方针。

按照这一方针，1959年4月，工厂（甲方）与地方基建施工单位（长春二建，乙方）联合组建了以韦锡琢为书记的工地党委，下设现场指挥部，统一协调、指挥基建施工；甲乙双方互相信任、互相尊重、大搞协作；统一认识，统一计划，统一行动。这一做法得到了当时中共长春市委的充分肯定和高度评价。在担任工地党委书记的过程中，韦锡琢还总结出“明确任务，查清条件；问题排队，抓住关键；措施落实，专

韦锡琢工作照

案专办；抓紧检查，组织实现”的领导基建施工的工作方法。为解决施工单位劳力不足问题，工厂成建制地组织干部、职工支援基建工作，仅1959年投入基建的义务劳动即达到5000多工日。工厂还主动解决了暖气片等工程急需的建材，为职工、家属越冬和冬季厂房室内施工创造了条件；并在各种建材的运输方面全力支援乙方。乙方也及时调换和垫借了大量建筑材料，使工程得以持续推进，连年提前完成国家基建计划。

1959年，工厂群策群力，土洋结合，生产C616车床10台、土龙门刨床和土立式铣床各一台。同年，在兄弟单位的协助下，对新入厂的学员和大、中专毕业生进行了大规模培训。1960年，工厂又组织生产C616车床21台。

1962年，工厂对组织机构进行了充实、整顿，因陋就简，克服困难，开始执行部下达的航空产品试制计划。4月，第一种航空产品218空气滤（QL－5）研制成功并投入批量生产；12月，试制成功DKF－1产品并完成10台；全年生产零备件7种5302件；实现工业总产值38万元，实现商品产值35万元。

建厂初期，又遇国民经济困难，生活条件艰苦，吃、住、行等都是难题。以韦锡琢为首的工厂党委首先抓了职工食堂和职工宿舍的建设。在专业施工单位力量不足的情况下，组织职工自挖基础，提前建起了职工食堂，解决了上千名职工的吃饭问题；加快实施了职工宿舍建设，第一年即建起13000米^{2}的职工宿舍，并在此后逐年加建。

1960年，由于口粮定量低，职工吃不饱，营养不良导致体质虚弱，肝炎、浮肿等疾病先后出现并有蔓延的趋势。人心开始浮动，有部分人主张返回原单位或返回自己的家乡。面对如此严峻的局面，韦锡琢带领工厂党委在开展“忆立”活动、加强思想政治工作的同时，一手抓生产，一手抓生活。工厂调整、控制了职工工作时间，注意劳逸结合；撤销了干部小灶食堂，集中力量办好大食堂；扩大了厂办农场的规模，补充了部分粮食和副食；同时，组织捕鱼队和打猎队，开展了捕鱼和打猎等活动。上述办法在一定程度上减轻了职工劳动强度，并且使职工食堂的伙食有所改善，缓解了职工营养不良的问题。此外，工厂根据上级指示，1961 年、1962 年两年通过多种渠道精简、分流职工共 1506 人。

上述举措，有效地稳定了基本职工队伍，稳定了人心，使工厂度过了最艰难的国民经济调整时期，同时保证了各项任务的完成。

1961—1962 年，韦锡琢根据中央和省委、市委的部署，主持了为 1959 年“反右整风”运动中受到错误批判的 10 余名同志甄别复议、平反的工作，使这些同志卸掉了包袱，能够心情舒畅地工作。

1963 年 12 月，韦锡琢调任农机部上海柴油机厂党委书记。

张 箴

张箴（1911.2— ），河南尉氏人，国营青云仪器厂（现北京青云航空仪表有限公司，简称中航工业青云）首任厂长；第三机械工业部陕南地区新厂筹建处（现汉中航空工业（集团）有限公司，简称中航工业汉航）主任、党委书记。1929年9月参加党的外围组织——红色互济，1930年加入共产主义青年团，1930年5月组织暴动被捕入狱，后因父亲顶替脱险，到第八方面军醒民干部学校任副官。1931年任西华县民团书记，1932年党中央派往莫斯科国际列宁学校学习并任班长，1933年回国。1934年在上海被捕入狱，狱中加入中国共产党，1937年经组织营救出狱，到延安中央党校学习。1938年调中央社会部特训班学习，同年调西安任吴德峰秘书，1939年回延安任中央社会部二部秘书。1940年“大生产运动”中任机关生产委员会副主任，被评为劳动模范。1941年调八路军总部任秘书。1942年在太行二分区情报站任主任。1945年任晋冀鲁豫中央局城工部科长、秘书。1948年任江汉区党委城工委员会书记、城工部副部长。1949年在湖北沙市市委任副书记，代市长。1952年任第二机械工业部工会秘书长、副主席，第二机械工业部航空工业局党组成员，全总第七、第八、第九届执委。1958年10月任国营青云仪器厂（现中航工业青云）厂长。1964年11月任第三机械工业部陕南地区新厂筹建处主任、党委书记。1978年任航空工业工会主席、部纪委委员。1982年离休。

张箴于1958—1964年任国营青云仪器厂厂长，在此期间经历了青云仪器厂从筹建、动工到全面生产、发展的整个过程。

1959年12月，青云仪器厂开始破土动工。基建的上马带来了建材短缺的困难，钢材、木材、水泥的需求量急剧增加。为了解决原材料不足的困难，张箴亲自出马跑材料，在鞍钢很快解决了一批钢材，包括十分紧缺的螺纹钢，青云《厂史》曾这样记载道：“要不是当时领导班子这样积极主动、想方设法去找，工厂恐怕是难以盖起来了。”经过1959—1962年这4年多的基本建设，青云仪器厂终于初具规模，工作重点由基建转为生产，这是摆在张箴等领导班子面前的重大议题。

1964年2月，厂里提出全年工作总目标：“三百三，四个翻，‘六六五’，抓基础；

树立四个好作风，生产思想双丰收。”即完成已定基建投资328万元，产品、产量、产值、五好班组和个人收入翻一番，完成BDP－3地平仪的试制和实现月产模具65套，树立老老实实、严格要求、热情关怀、大力协作的好作风，最后落实到生产、思想双丰收。

为实现这个总目标，张箴决定工厂加快BDP－3地平仪的试制工作，带领干部职工于1964年11月完成试生产定型，这是青云厂在流比计式电表取得生产经验并稳步进入批生产之后，又掌握了航空陀螺仪表的生产技术，从而使青云厂的生产活动进入了一个新起点。同期，青云厂两大新产品BDP－4航空远读地平仪和SZ－1“上游一号”导弹自动驾驶仪已完成资料准备，开始进入试生产阶段。

一个新建的工厂，在批生产全面铺开的情况下，同时试制多种产品，这对生产指挥系统、技术管理、后勤供应是个考验。对此厂党委责成总工程师组织人员排定两大产品试制的平衡协调计划表，学习其他单位的经验，广泛推行计划协调表、零组件生产流水线表及产品零组件分组分期表等形式和方法，为科学、均衡地组织生产起到了积极作用。

1964年11月10日，三机部任命张箴为陕南地区新厂筹建处主任，主要任务是负责汉中歼击机生产基地的筹建工作，其机构设置以基本建设管理为主。当年10月25日张箴一行到达汉中，成立了“三机部陕南地区新厂筹建处”，11月10日，汉中专署将汉中县罐头厂借给筹建处，筹建处的干部职工亲自动手，把罐头厂的猪圈、羊圈打扫干净，放上几张桌子便开始了紧张的筹建工作。由于筹建处的领导机关在汉中县北大街148号，人们后来习惯地称此为“148大院”。接着从三机部有关厂所又调来了一批工作人员，筹建处设立了政工、选厂和总务三个组，一方面开始陕南地区的选厂、定点、规划和建设工作，另一方面接待来自全国四面八方的开拓者和建设者。

基地建设的准备阶段是从1964年到1969年。在这个时期，主要是根据国家的规划和地区布局进行踏勘选址和工厂的布局规划，以及组织勘测设计、三通一平等施工前的准备工作。作为基地主持全面工作的张箴，一开始就全身心地投入到工作中去，经常身先士卒深入一线调查研究、协调、组织队伍，为大规模的基本建设准备条件和积蓄力量。1965年3月，第四设计院到现场开展了设计工作，4月初就出了草图，张箴等领导马上就在工作现场会同设计院的同志提出了《设计意见书》，加快了设计和施工进度。在条件差、资金缺的情况下，基地干部职工还是完成了4个工厂的边建设、边生产任务。

基地建设的高潮阶段是从1970年到1975年。1970年，为了加速三线建设，加强国防力量，满足战备需要，党中央、中央军委把汉中歼击机基地改为运输机生产基地建设，列为国家第四个五年计划的重点项目，汉中航空工业建设也迎来了建设高潮，基地根据国家的统一规划，使运输机主机厂和其他一些工厂开工或续建在资金、

张箴 1981 年 11 月 3 日在三机部政工会议上讲话

材料、施工力量和机械设备等方面基本得到保证，在 6 年时间里共完成施工面积 93 万米^2，使 12 个项目得以建成和基本建成投产，为运输机生产服务的工艺专业化的工具、压铸机、组合夹具、非标准设备等都已经能生产和供应。1974 年组织运 8 飞机 2 号机大会战，保证了基地生产的首架飞机顺利上天，为汉中航空工业基地发展打下了基础。

张箴在汉中航空工业基地工作长达 12 年时间，尽管“文化大革命”期间受到冲击，工作岗位多次变动，但还是完整地参加了基地建设的准备和高峰阶段，直到 1976 年调回北京。

1976 年张箴调回北京，任青云仪器厂副厂长。1979 年 7 月调任第三机械工业部工会主席、部纪委委员等。曾任全国总工会第七届、第八届、第九届执委。1982 年离休。

崔光炜

崔光炜（1924.6—2012.8），山东淄博人，国营新都机械厂（现成都发动机（集团）有限公司，简称中航工业成发）首任党委书记。1939年11月参加革命，参加革命前曾在党的领导下做群众救亡工作，任区儿童团团长。1940年加入中国共产党。曾任清河区专员公署股长、渤海区行政公署科长、办公室第一副主任、山东省民政厅秘书室主任、中共中央山东分局办公厅秘书室第四室副主任等职。1954年，崔光炜调到航空工业工作，任沈阳航空喷气发动机厂（现中航工业黎明）总机动师、厂党委书记，1958年任国营新都机械厂党委书记。1970年后任国营红旗机械厂（现中航工业西航）党委副书记、革委会副主任、厂党委书记，陕西省国防工办副主任。1976年任贵州011基地党委第一书记、贵州省国防工办副主任。1978年任第三机械工业部副部长兼贵州011基地党委第一书记，1980年任第三机械工业部副部长、特邀顾问等职。1990年离休，2012年8月去世。

1954年，长期在地方工作的崔光炜调到航空工业系统工作后，很快就进入了角色。在沈阳航空喷气发动机厂工作期间，崔光炜担任工厂总机动师，他组织对上千台新设备逐台进行质量检查，组织安装、调试、移交生产；对所需各种非标准设备，组织进行设计制造；迅速建立健全机动系统，开展工作；保证全厂的水、电、风、气动力供应；努力学习苏联经验，建立各项规章制度。

1958年11月，第一机械工业部下达文件，指定沈阳航空喷气发动机厂负责成套包建成都发动机厂，厂名定为国营新都机械厂。崔光炜被任命为新都机械厂党委书记。

1959年初，国家将75号发动机的试制任务交由新都机械厂负责完成，并要求将其作为1960年“七一”向党的生日献礼的项目。短短18个月的时间，既要完成千里迢迢的大迁移，又要完成国家下达的基建、生产、试制任务，这对新都机械厂这个刚刚组建的领导班子和职工队伍是一次严峻的考验。接受任务后，崔光炜认真贯彻上级“既保证成都发动机厂加速建成，又保留沈阳航空喷气发动机厂成为试制工厂的基础，既考虑到今后的发展，又保证1959年两厂既定任务的完成”的指示精神，与厂长亲临成都了解新都机械厂建厂的第一手资料，带领党委一班人组织制订工厂包建的大政方针和周密细致的转移计划和具体实施方案。在“时间短、任务重、人数多、条件差、路途远、交通难”等诸多困难情况下，充分调动广大职工及家属支援国家三线建设的革命热情，发扬不畏困难、勇往直前的精神，在领导班子强有力的组织领导和精心指挥协调下，确保了援建职工和家属的迁移以及390多台设备、大批工具、仪器和物资等运送任务的顺利完成。在建厂过程中，崔光炜一丝不苟地执行“边基建、边试制、边生产”的方针，统筹兼顾，较好地处理了基建、生产、试制的关系，与领导班子一起带领全厂干部职工自力更生、艰苦奋斗、大干快上，有序推进工厂各项工作迅速有效地进行。

结合工厂基建、试制和生产发展的实际需要，工厂的管理体制和组织机构经过建立、充实、完善，逐步健全，各项规章制度也在实践中制定和逐步修订完善。特别是在提高职工文化素质方面，崔光炜和工厂领导班子组织干部职工学习75号发动机和涡喷6发动机试制技术，大力开展苦练基本功的岗位练兵活动等方面做了大量工作，完成了国家和省市下达的各项零备件生产及五大设备试制生产任务。同时还把闲散劳动力和困难职工家属组织起来，战胜自然灾害，开展生产自救，就业人数达1000多人，减轻了国家负担，解决了职工的困难和后顾之忧。

根据国家加速75号机试制，争取1960年“七一”前试成的要求，在任务重、时间紧、一些条件暂不配套的情况下，崔光炜和工厂领导班子开始组织了75号机的试制。在上级领导的大力支持和兄弟厂的协作下，经过全厂干部职工的奋力拼搏，保证了7月1日向上级报捷。75号机是新都机械厂成功试制的第一个产品，为后来的涡喷6发动机的试制奠定了技术基础、锻炼了队伍、积累了经验。

崔光炜生活照

1962年12月，工厂开始准备正式试制涡喷6发动机，崔光炜先后几次召开党委常委会研究试制方案和进度，发动全厂职工克服困难，一定要在1964年“十一”前试制成功，向国庆献礼。针对建厂初期试制人员不足，缺门工种多，技术力量薄弱，以及基本建设尚未完全配套投产、生产准备力量不能适应生产需要的现状，工厂在制订试制总体计划时，要求全厂各试制单位全面吸取黎阳发动机厂成功经验、充分利用国营湘江机器厂（现中航工业南方）移交给工厂的工艺装备、压缩“0”批工装制造数量、及早组织缺门和薄弱工种的技术工人培训，以满足试制任务的需要。各系统又分别拟定了试生产实施细则，下发到各相关单位贯彻执行。在思想上、组织上、管理上做好充分准备，要求工厂各部门的工作人员围绕“技术过硬、管理过硬、质量过硬、转入批生产过硬”的总目标，制定本部门的基本功条件。全厂上下广泛动员和组织技术人员、干部职工勤学苦练基本功，为涡喷6发动机的试制打下了坚实的基础。在“任务重、时间紧、基础差、经验少”的条件下，积极争取上级领导和兄弟厂的大力支持，终于按国家要求于1964年8月提前完成了涡喷6发动机的零件加工和总装任务，并于9月顺利通过试车，10月通过了航空军工产品定型委员会技术审查鉴定，10月14日国家有关部门在工厂召开了验收大会，标志着新都机械厂生产的涡喷6发动机试制成功并转入批生产阶段。1965年完成151台的生产任务。

“文化大革命”中，崔光炜受到冲击。1970年恢复工作，调国营红旗机械厂任党委副书记、革委会副主任，1974年任厂党委书记。此时正是“文化大革命”混乱时期，他坚持战备生产，维持工厂的正常秩序。

1976年12月，崔光炜被调到贵州011基地任党委第一书记。1978年4月，任第三机械工业部副部长兼贵州011基地党委第一书记。1980年起，崔光炜回到第三机械工业部工作，先后分管飞机局、发动机局、机载设备局、生产调度局、质量局、物资局等部门的工作。1990年崔光炜离休后，曾任中国包装技术协会副会长、中国食品包装机械协会副会长、航空工业质量协会理事长。航空工业创建40周年时，获特别荣誉奖。

崔光炜于1990年离休，2012年8月去世。

邵晓平

邵晓平（1911. 10— ），江苏铜山人，国营新兰仪表厂（现兰州飞行控制有限责任公司，简称中航工业兰飞）首任厂长。1937 年 11 月参加革命，1938 年 7 月加入中国共产党。1937 年 11 月任江苏省铜山县青年救国团第九区团主任，1938 年 6 月任铜山县游击队中队长，1941 年 7 月先后任铜山县委社会部部长、敌工部部长，1942 年 2 月任徐州工委会组织科科长，1947 年 9 月任第三野战军联络部外线工作组组长，1948 年 12 月任徐州市第一区区委书记，1949 年任徐州市工厂党委书记、徐州市工会联合会主任，1950 年 1 月任徐州市总工会副主席。1954 年 4 月调沈阳航空喷气发动机厂（现中航工业黎明）任工会副主席。1956 年 5 月—1958 年 11 月，在北京航空学院学习。1958 年 11 月任兰州国营新兰仪表厂厂长；1973 年任 781 厂厂长；1978 年任甘肃省人民政府国防科技工业办公室副主任。1982 年离休。

1954 年 4 月，国家决定从地方干部中选调一批优秀干部从事国家航空工业的领导工作，邵晓平奉命从自己的家乡徐州调往沈阳航空喷气发动机厂任工会副主席。他积极投身到航空工业建设中，并于 1956 年到北京航空学院学习，他努力学习航空技术，不断用所学的科学知识武装充实自己。

1958 年 11 月大学毕业后，邵晓平被分配到兰州负责筹建新兰仪表厂，并任命为厂长。一切从零起步，面对挑战，邵晓平知难而进。他坚持“边建设、边生产”的原则，克服资金短缺、技术封锁等困难，狠抓研制建设，领导全厂职工生产研制成功了飞行指示器和“东风 107”自动驾驶仪，随后，他又积极组织试制成功了我国第一套装备飞机的自动驾驶仪，填补了我国不能生产自动驾驶仪的空白。他领导完成了综合航向系统的仿制任务，领导全厂职工试制生产了 × × －1 型自由陀螺，1964 年在十分困难的条件下试制生产了 × × × －2 航向系统。

20 世纪 60 年代初，国家处于十分困难的时期，企业处于生死存亡的关键时刻，邵晓平坚决贯彻党中央提出的“调整、巩固、充实、提高”的八字方针，在三机部和地方政府的大力支持和关怀下，在工厂党委的具体领导下，采取了一系列措施，自力更

邵晓平（右一）工作照

生，抓生产、搞基建，生产自救，他坚持新兰仪表厂不下马、不撤离，坚持生产和科研工作不停顿，为工厂在最困难时期稳住了阵脚、把握了方向。

在组织试制×××-2和×××-2M自动驾驶仪时期，由于中苏两国关系恶化，苏联撤走专家，停止了一切原材料、配套成件和技术资料的供应，邵晓平带领工厂全体职工克服重重困难，以“为国争光、为民族争气”的精神，硬是完成了试制定型任务，并投入了批量生产，按时交付了产品。

邵晓平早在20世纪60年代初就坚持“军民结合、以民养军”的战略思想和经营策略。在我国三年困难的艰苦时期，工厂财源拮据，他就果断地提出“干天上的活、吃地下的饭”的思想，市场需要什么就生产什么，大抓了民用产品的生产，先后组织生产了201型电表、台式仪表车床等民用产品，稳定了民心，锻炼了职工劳动技能，使新兰仪表厂成为当时航空工业局10个新建企业中唯一盈利的单位。

邵晓平曾进修于北京航空学院，懂得科学技术在生产中发挥的作用，他大力支持职工技术改革和技术创新，他说：“技术人员脑子转一转，节约上千万；脑子动一动，完成任务有保证。”他十分尊重和器重有技术的工人和技术人员，注重调动他们的积极性，善于发挥他们的特长和作用，并在工作调动、生活条件上给予关照，充分体现出工厂领导对职工的关爱，为工厂今后的快速发展奠定了坚实的基础。

“文化大革命”中邵晓平受到迫害，1973年恢复工作后，被调往电子工业部781厂任厂长。1978年任甘肃省人民政府国防科技工业办公室副主任，1982年离休。

杨　诚

杨诚（1916.12—1966），台湾台南人，国营新都机械厂（现成都发动机（集团）有限公司，简称中航工业成发）第一任厂长。杨诚从小随父母生活在印度尼西亚。1930年秋在孙中山先生民主革命思想的影响下毅然回到祖国，先后在厦门、上海、北平就读，后考入北平大学法商学院读书并参加进步学生运动。1936年初参加革命，任民族解放先锋队分队长、区队宣传干事。1937年10月到延安学习，同年加入中国共产党，曾任中央青委吴安青训班队指导员、主任、党支部书记；延安中央党校马列学院班主任、党支部书记；中央青委“泽东青年干部学校”指导员兼中国问题教员及延安华侨联合会主任。1944年6月，调中央军委编辑局外语学校英文系学习，任班主任和系党支部书记。1946年2月，调北平军调处执行部代表团工作兼英文翻译。1947年，负责筹建中央团校，任中央团校教育处副主任。1949年1月参加接管天津工作，任天津军管会铁路处职工组副组长。1950年6月，调团中央任学生工作部副部长。1952年12月，任第二机械工业部航空工业局副局长。1953年1月，任沈阳国营大东机械制造厂（现中航工业黎明）实习厂长、副厂长、第一副厂长、厂长。1958年11月任国营新都机械厂厂长。1960年6月任四川农业机械学院副院长。曾当选为成都市第二届党代会代表和四川省第三届人大代表。1966年去世。

1949年4月，中国新民主主义青年团举行第一次代表大会，杨诚当选为团中央候补委员，1950年6月，任团中央学生工作部副部长。7月，任中国学生代表团团长，去捷克斯洛伐克布拉格参加世界学联第二次代表大会，并当选为国际学联副主席。

1952年，国家实施第一个五年计划，组织上决定调杨诚到第二机械工业部航空工业局任副局长，但他为更快地熟悉和掌握航空工业方面的业务知识，积极要求先到基层锻炼，组织上为培养造就人才，同意他的诚恳请求，批准他到沈阳国营大东机械制造厂（于1954年3月更名为沈阳航空喷气发动机厂）任第一副厂长，后又任厂长。1958年11月，中央决定沈阳航空喷气发动机厂负责成套包建新都机械厂，杨诚被任命为新都机械厂厂长。杨诚服从组织决定，认真按照上级“既保证成都发动机厂加速建成，

杨诚（左二）工作照

又保留沈阳航空喷气发动机厂成为试制工厂的基础，既考虑到今后的发展，又保证1959年两厂既定任务的完成”的指示办事。在厂党委的领导下，杨诚尽职尽责，坚决组织贯彻实施，为保证搬迁转移的安全和顺利进行，做了大量深入细致的工作。

1958年9月，杨诚和党委书记崔光炜即到成都实地考察，了解和掌握新都机械厂建厂工作的第一手资料；在党委制定工厂包建的大政方针后，他积极做好分管负责的各项工作，领导得力，部署得当，在“时间短、任务重、人数多、条件差、路途远、交通难”的重重困难情况下，杨诚坚定不移，有效地调动广大干部职工支援祖国三线建设的积极性，确保了援建的3841名干部职工和家属的迁移以及390多台设备、大批工具仪器等物资运送任务的完成。做到有条不紊、安全妥善地到达成都，仅用了短短8个月时间顺利完成了转移任务。

在建厂过程中，杨诚与党委书记崔光炜一起带领全厂职工，实行“边基建、边试制、边生产”的方针，迅速使建厂各项工作以及职工生活安排有序推进，在杨诚的组织指挥下：编制工艺规范1730本，完成工装设计5200项；管理机构和车间设置逐步完善；开展“整顿生产秩序，提高产品质量”运动，掀起了“比学赶帮”的竞赛热潮；组织全厂1000多人参加涡喷6发动机试制技术学习，签订师徒合同2000多份；制定安全生产操作规程49种，颁发了新都机械厂《安全生产责任制度》《化学药品管理制度》；试制成功266Л－50型动平衡机，完成省、市下达的民品汽轮机、氢原子焊机、抛光机、单螺旋加级机、柴油机油泵芯子、喷嘴等“五保”任务。还组织困难职工家属进行生产自救，成立了服务加工部等，就业人数达1000多人。通过自身努力解决了困难，稳定了职工、家属队伍。

新都机械厂建厂的实践，杨诚倾注了大量的心血，付出了辛勤的努力和聪明才智，为工厂的发展打下了坚实的基础。

1960 年 6 月初，四川省委任命杨诚为四川农业机械学院副院长。杨诚在办学过程中正确执行党的知识分子政策，尊重知识，尊重人才，坚持用人之长，不歧视出身不好的知识分子，工作中一视同仁。由于是新创院校，基本上都是青年教师，所以他非常关心年轻教师的成长，帮助他们总结教学经验，不断提高教学水平。

“文化大革命”中，杨诚受到极大的冲击，于 1966 年被迫害致死，享年 50 岁。

杜向光

杜向光（1916—1993），山西代县人，国营峨嵋机械厂（现成都飞机工业（集团）有限责任公司，简称中航工业成飞）首任党委书记。1958 年 12 月，任国营峨嵋机械厂党委书记，1960 年 11 月任厂长，1963 年 2 月改任党委书记，1964 年 1 月调财政部工作。1993 年去世。

1958 年 10 月，国营峨嵋机械厂破土动工，1958 年 12 月第一机械工业部正式任命杜向光为党委书记。在建厂初期，由于基本建设全面铺开，职工人数剧增，而生活条件却十分艰苦，他和党委一班人围绕建厂中心任务开展思想政治工作，鼓励和保护职工的积极性，保证了基建生产任务的顺利进行。

1959 年，为适应工厂建设需要，杜向光组织建立党委办公机构，充实政工队伍。相继建立了党委办公室、监委、组织部、宣传部、团委、工会、武装部等党委办公机构和群众团体，初步形成了一套较完整的政工系统，抽调人员建立了一支政工干部队伍。

杜向光领导党委各部门相互配合，围绕基本建设，动员和教育广大干部和群众认真学习和贯彻党的总路线和“两条腿走路”的方针，开展对“三边”建厂方针的学习，开展形势教育、纪律教育和阶级教育，使职工认识到建厂的有利条件和暂时的困难。

从 1959 年起，党委在加强党支部建设的同时，加强基层党小组建设，在全厂生产班组中建立了 91 个党小组，开展以党小组为核心的小组思想政治工作，有利于发挥党、团员的骨干作用，提高政治思想工作效率。有计划、有针对性地组织职工学习毛主席著作和党的指示、决议以及党报上的社论和重要文章，提高干部职工的思想和政策水平。通过工会和共青团等群众组织，对职工特别是青年职工进行革命传统教育，开展“学习向秀丽的高尚共产主义品质，做共产主义新人”

的教育活动。

工厂于1960年8月2日召开了首届党员代表大会，杜向光做了题为《乘胜前进，再接再厉，把整风运动进行到底，为确保今年建厂任务和75号产品任务，实现1960年持续跃进而奋斗》的工作报告，选举产生了工厂首届党的委员会和监察委员会，杜向光任党委书记。党代会以后，工厂党委从抓党员的管理教育入手，加强民主集中制和政治思想工作队伍的建设。一是建立和健全了党员管理工作制度；二是注意思想改造，不断提高党员的政治思想觉悟；三是开展多种形式的劳动竞赛，激励职工学先进、赶先进的热情。

1964年3月，经第三机械工业部批准，工厂政治部正式成立，下设办公室、组织部、宣传部、干部部、保卫处，并受党委委托代管武装部、工会和团委。政治部直接领导基层党总支、支部的工作。建立了政治部部务会议制度、政工会议制度、政工人员责任制等，从上到下形成了政治思想工作的统一指挥系统。

杜向光结合形势任务和职工思想状况，有针对性地组织开展思想政治工作。工厂试生产任务几上几下，基本建设质量问题严重，需返修加固，加之全国连续几年自然灾害严重，国民经济遭受重大挫折，职工物质生活条件十分艰苦，不少职工对工厂前途产生了疑虑。对此，工厂党委在开展“两忆三立”（忆阶级苦、忆民族苦，立国防观念、立社会主义劳动态度、立组织纪律观念）的基础上，发出了紧急动员令，号召全体职工立即行动起来，一条心、一股劲，以军事观点对待建厂任务。并为此做出9条具体决定，一方面加强组织管理，在基建部门建立健全政治处，充实政治工作力量；加强思想教育及宣传鼓动工作；开展流动红旗竞赛，树旗帜，立标兵。广大职工积极响应党委号召，掀起了你追我赶、争取立功的生产高潮，有力地推动了工厂基建和试制工作的顺利进行。

在加强思想政治工作的同时，工厂党委关心职工的疾苦，抓好职工生活，切实解决职工生活上的困难，使广大职工进一步体会到党的关怀和温暖。特别是面对自然灾害，人民生活供应十分紧张的时候，工厂党委一方面在全体职工中进行自力更生、艰苦奋斗、勤俭节约的教育，从思想上教育职工正确对待生活上的暂时困难，指明前景，增强战胜困难的信心；一方面带领职工生产自救，抽调部分职工利用机场空地开荒种粮种菜，喂猪养禽，并成立副业科，加强对农副业生产的领导和管理。党员、干部身先士卒与职工同甘共苦，干部轮流参加劳动，增强了团结，职工队伍经受了考验，得到了锻炼。

几年艰苦细致的思想政治工作，为提高广大职工思想觉悟，调动社会主义积极性，培养爱厂如家的主人翁精神，打下了一定的基础。政治工作干部也积累了一定的工作经验，逐步建立了政治工作的正常秩序。

峨嵋机械厂从1958年动工修建到1964年工厂基本建成，生产出第一架飞机，正是党委书记、厂长杜向光在工厂的一段时间，可以说他是工厂基建及生产取得双丰收的见证人，他为工厂的建立和发展做出了重要贡献。

因工作需要杜向光于1964年1月调财政部工作。1993年去世。

韩文圃

韩文圃（1911.6—1985.10），河北盐山人，皖安机械厂（2009年12月与合肥江淮仪表厂合并为合肥江航飞机装备有限公司，简称中航工业江航）创建人。1938年12月到延安参加革命，任抗大总校军事教员，1940年10月加入中国共产党，1943年3月任新四军七师师部教导队队长，1946年5月在山东军区政治部国军部做策反工作，1947年5月起历任山东军区政治部高级解放军官二团大队长，山东军区政治部解放军官总团二分团大队长，第三野战军解放军官训练第二团副团长；1950年7月起历任华东空军后勤部油弹处处长，华东防空军后勤油弹运输处处长，华东空军后勤部军械处处长，军委空军工程部军械使用处第一副处长、处长。1958年5月转业到地方，任安徽省汽轮发电设备筹备处主任、党委书记，1959年1月—1966年10月，任安徽省机械工业厅副厅长。在此期间，主持安徽汽轮机厂向三机部移交和皖安机械厂的筹建工作。1966年10月任安徽省机电设备成套局局长。1973年10月任安徽省革委会视察室视察，1978年4月任安徽省农机管理局副局长。1982年离休，1985年10月去世。

1958年3月安徽省省委决定在合肥西南郊建设一个规模庞大的机械工业中心。韩文圃于1958年5月告别了空军的战友，离开了繁华的首都，举家6口带着简单的行装，转业到机电工业空白的安徽省，任安徽省机械厅副厅长，兼任安徽汽轮机发电设备筹备处主任、党委书记，筹建安徽汽轮机厂（皖安机械厂的前身）。

工厂开工之前，建设工地满目荒凉，杂草丛生，蚊蝇扑面；工厂缺人才、缺资金、缺设备。面对眼前的种种困难，韩文圃带领一班人，依靠上级组织的有力支持，依靠身边的干部群众齐心协力，一方面到全国各地引进人才，一方面把现有同志送出去或就地培训。韩文圃北上军委空军工程部，召集军转干部开会，鼓励大家到安徽参加工业建设。在培训方面，他把一些有文化的军转干部、新招工的上海知青数百人分批派往上海、石家庄、哈尔滨等地培训。韩文圃召集空军19师转业干部会议，他说，工业要搞上去，没有电不行，你们这批人都是空军来的，都是航空学校毕业受过现代化的技术训练，但你们多数同志是搞飞机维修的，维修和制造是两个概念，因此你们要继

韩文圃生活照

续学习，工厂决定派你们去上海学习。现在条件艰苦，相信你们会发扬军队的光荣传统，克服困难，取得进步。这20多名空军转业干部牢记韩主任的嘱托，来到上海汽轮机厂后，投入到艰苦的学习生活中去。韩文圃还主持办起了厂办技工学校，由厂技术科组织授理论课，车间为实习基地，使学员边学习边实践，收到良好的效果，为日后工厂的发展培养了技术骨干和管理人员。

在繁忙的建设工地上，韩文圃和机关干部、民工组成了劳动大队，挖土、运土，开展大规模的基本建设。韩文圃办公在工地，吃住在草棚，一点没有领导的架子，以普通劳动者的身份和同志们一起风餐露宿，他说："我们要不等不靠，自己动手建工厂。"那时生活条件极其艰苦，他们自己搞土建、勘探、设计，为建设高大的厂房做好准备。他们边学边干，利用文化干校食堂改建的金工车间，以仅有的几台设备立即投入小型汽轮机的试制工作。

随着建设人员的大批调入，吃住一时成了问题。韩文圃当机立断，凡是转业干部拖家带口的，被暂时安置在市区中小旅社里，各地来的学员被安排到农业干校学生宿舍，另有一些技术人员和其他同志住到五里墩文化干校，食宿费用由筹备处列入计划开支。同时让基建办着手在工地搭建简易平房，尽快让散居各处的人员入住厂区，经过数月的施工，一幢大型厂房矗立起来。韩文圃和领导班子成员吃、住都在工地，深入工地了解进展情况，当得知车间地基需要大量炭渣时，便组织学员连夜随车到钢厂协助运输废渣。当基建工地缺少人员时，韩文圃则组织管理人员轮流参加跟班劳动。随着大批设备的陆续进厂，韩文圃要设备部门会同技术、车间组织人员尽快进行安装调试。缺少吊装设备，就土法上马，利用三脚架葫芦吊装，用滚筒滑动，肩扛手抬完成任务。

1960年我国遭遇自然灾难，物资匮乏，大批在建项目下马，尚在襁褓中的安徽汽轮机厂也难逃噩运，企业刚刚降生就"断奶"了。面对残局，韩文圃极力稳控职工情绪，并着手安排人员分流，组织副业队、养猪场开展生产自救，利用现有设备加工外协件等措施，收到一些效果。他又鼓励大家在厂区空闲土地上开荒种菜种粮，以渡难关。

两年之后，国家形势有所好转，刚刚组建不久的第三机械工业部来安徽考察，决定将汽轮机厂改为军工企业，转产军工产品。从此，韩文圃和他所带领的一班人呕心沥血创建起来的安徽汽轮机厂迈上了后来皖安机械厂的新征程。他们奠定的坚实基础和人才资源，继续为祖国的社会主义建设事业发挥着重要作用。1979 年，担负中越自卫反击战的空军部队需要大量副油箱，皖安机械厂一个月就生产了 800 只歼 6 飞机副油箱，承担了部队作战使用量的 90% 任务。该厂还利用在越南缴获的美式分解式副油箱进行测绘研制，成功地生产出分解式副油箱并装备部队，替代了原苏式庞大的整体式副油箱。

1966 年初，韩文圃调任安徽省机电设备成套局局长。“文化大革命”中韩文圃受到严重冲击。1978 年韩文圃被任命为安徽省农机管理局副局长，他十分珍惜这迟到的工作机会，勤奋工作。在国家尚未废除干部终身制的情况下，1982 年他主动向上级提出离休。1985 年 10 月去世。

苏　韦

苏韦（1919.2—2005.1），山东牟平人，国营北京电机厂（现北京曙光航空电气有限责任公司，简称中航工业曙光）首任厂长。1935 年参加了北京学生抗日救国的“一二·九”学生运动，1936 年 9 月入党，1937 年 6 月，在陕西耀县加入贺龙领导的红二六军团，后赴延安抗日军政大学和延安中央党校学习。1940 年任新四军四师第四纵队工作队长、指导员，在豫皖等敌后地区发动群众开展减租减息运动，坚持“边缘斗争”。解放后曾在湖北武昌、武汉地区任职，后回到北京第二机械工业部任职。1959 年 3 月任国营北京电机厂厂长。在“四清”及“文化大革命”中受到不公正待遇，直到 1981 年才彻底平反。恢复工作后，她先后担任北京仪器仪表联厂党委副书记、中国科学院三局副局长、中国科学院能源委员会副主任等职务。1984 年离休，2005 年 1 月去世。

1958 年 11 月，国营北京电机厂（1959 年 6 月改为国营曙光电机厂）在北京西郊大钟寺地区开始兴建。1959 年 3 月，苏韦任国营北京电机厂第一任厂长。苏韦上任后看到厂房设计简陋、厂区太小，不利于今后的发展。于是她带领 20 多个技术员到国营秦岭电工厂（现中航工业电源）去调研，写出了 6 万字的工厂设计审查报告，怀着强烈的事业心和高度的历史责任感，提出了重新设计和重新选址的建议。后来经过多方努力，新址选在北京市朝阳区东直门外牛王庙地区。新厂址优越的地理位置不仅为工厂发展创造了良好环境，也为工厂的生存和发展开创了广阔的空间。

工厂开始兴建时正是 3 年自然灾害期间，建筑材料和资金都十分紧缺，苏韦没有坐等，千方百计想办法。缺水泥，她就组织工厂自办水泥厂，自产自用；缺木材，她协调各方力量到冰天雪地的东北原始森林拉运困山木材；缺钢材，她跑部队、赴鞍钢，请求部队和兄弟单位支援；缺粮食，她就组织人员到东北办农场种大豆，解决职工基本生活问题。在她的带领下全厂职工齐心协力，排除各种艰难困苦，保证了基建工作的顺利进行，在曾经一片荒芜的土地上，建起了一座当时国内现代化航空企业。

为了加强企业的管理，苏韦组织专业人员组成规划小组，负责制订工厂批生产、新品试制等项目的五年生产规划，并制定了一系列有效措施，使军品、民品生产得以有序进行。她还抽专人组成制度工作组，制定工厂的各项规章制度。工作组先后绘制出两张组织机构图，包括医疗制度在内的96项职能部门的规章制度，制定了570种岗位人员的职责范围，32个行政单位的职责范围，16开本装订成册，组织职工学习。她还要求工程技术人员每天坚持练习书法，提高大家的书写能力。苏韦的严格管理得到上级机关的高度重视及肯定，并把曙光电机厂的这些做法加以推广，供其他单位借鉴学习。

有了制度有了章程就必须遵守。苏韦在工作中敢于管理，从不姑息迁就。工厂各类会议中，凡是有人瞌睡抽烟都不允许，不管谁违反会场纪律都会立即受到惩处。有一次，苏韦检查文明生产和环境卫生，发现崭新的木隔断上被钉了一个用来挂衣服的大钉子，她非常生气，当着职工的面严厉批评了那个钉钉子的班长说，漂亮的厂房，崭新的木隔断不能随意破坏，做任何事情都要按工厂的规矩办，只有创造一个文明的环境才能干出合格的产品来。

建厂初期，工厂人才缺乏，尤其是冶金人才奇缺。当她得知有个“右派”懂冶金技术，就想尽办法将此人调进来，并力排众议、采取迂回任命的方法，将此人聘为冶金科代理副科长，负责冶金科的全面工作。另外，还从厂内抽调了一批技术人员，把他们送到清华、北航、华中学院等大学深造，同时筹建了航空技术工人学校，对技术工人进行全面培训。这一举措的实施，使工厂能够按计划向空军提供优质产品，保证了工厂军品生产计划的顺利完成。

当工厂初步建成并形成一定的生产能力之后，以后的经营方针是摆在苏韦面前的重大课题。经过多方调研和慎重思考，苏韦提出了“以军为主，以民养军，军民结合”的经营方向，在以军品为主导的同时大胆开发民品，不仅增加了工厂的财政收入，又

苏韦和董必武在一起

提高了工人的技术水平，职工的生活也得到一定程度的改善。通过民品的开发，工厂的工装设计、工艺制造水平有了很大提高，为以后的军品批量生产打下了良好的基础，也使工厂比较顺利地开始从民品向军品生产过渡。1962年12月，曙光电机厂生产出第一件军品——CF-1直流测速发电机。1963年，第一套军品组件ZF-1.5定子组件也顺利完成。

在曙光电机厂工作期间，苏韦作为航空工业的第一位女厂长，以她严谨细致的工作作风，长远的战略眼光和严格的管理，为工厂今后的发展奠定了坚实的基础，为祖国的航空事业做出了突出贡献。

“文化大革命”中，苏韦受到了迫害，1981年彻底平反。恢复工作后，她先后担任北京仪器仪表联厂党委副书记、中国科学院三局副局长、中国科学院能源委员会副主任等职务。1984年离休，2005年1月去世。

肖　云

肖云（1919.7—1995.12），湖北桃江人，国营红旗机械厂（现西安航空发动机（集团）有限公司，简称中航工业西航）首任厂长。1935年10月参加中国工农红军，同年11月加入共青团，1936年11月加入中国共产党，参加了举世闻名的二万五千里长征。在红军中历任战士、班长、宣传队员、排长、代理政治指导员等职。抗日战争期间，1937年任八路军120师译电员；1939年任冀中区党委机要科科长、秘书科科长；1942年任河北省曲阳县县委宣传部长。抗战胜利后任冀晋三地委宣传部长、副专员。1947年7月南下到大别山区，先后担任广济县委、黄广联合县委副书记，1948年任鄂豫皖五地委宣传部长。1949年湖南解放后任沅陵专区专员、黔阳专区专员，1953年代理黔阳地委书记。1954年转至国防工业战线，先后任845厂筹建处副主任、党委副书记、厂长。1957年11月任国营红旗机械厂筹备组主任，1959年4月任厂长，1961年7月兼任厂党委副书记，1965年6月代理党委书记。1974年后调任国营秦岭机电制造公司（现中航工业电源）党委书记、陇西铸造厂（现中航工业制动）党委书记。1978年任陕西航空工业局局长、党组书记，陕西省国防科工办副主任。1984年离休，1995年12月去世。

肖云16岁就参加红军投身革命，参加了举世闻名的二万五千里长征。他南征北战，出生入死。特别在冀中任机要科科长期间，在没有密码本的情况下，他经过艰苦努力，终于破译敌人密码，受到冀中区党委和程子华同志的表彰及奖励。在湘西剿匪战斗中，肖云亲自组织和带领干部群众与土匪浴血奋战，保卫人民群众的生命财产，巩固了新生的人民政权，为中国人民的解放事业做出了应有的贡献。

“一五”期间，国家优先发展重工业和国防工业，航空工业建设放在了重要位置。为了加强航空工业的建设，中央从各条战线调集精兵强将担任这些重点企业的领导。1957年10月10日，第二机械工业部决定，将原二局西安853厂移交给航空工业局作为红旗机械厂的建厂基础，11月6日，第二机械工业部航空工业局分党组任命肖云为红旗机械厂筹备组主任。1959年4月，任命肖云为厂长。

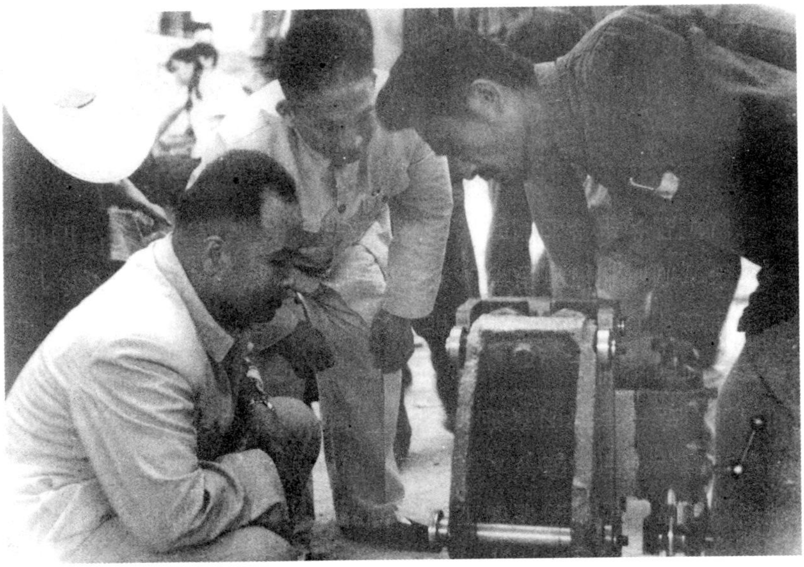

肖云同志（左一）在生产现场检查工作

肖云就任红旗机械厂筹备组主任和厂长后，在筹备和建设工厂的过程中，组织领导了建厂前的筹备工作，以及基本建设和零备件生产工作。建厂的特点是时间紧、任务重，同时设备、材料、工具、人力和技术条件都极不具备。面对诸多困难，他知难而进，开展了卓有成效的工作。他认真贯彻中央关于“勤俭办企业”的指示精神，在基本建设方面，具体贯彻“以生产动用为纲”（生产动能先行，以满足生产动用需要的条件），采取了“集中力量，打歼灭战”的施工方针，正确处理好基建与生产的矛盾，一面进行大规模的基建施工，一面根据“边基建、边试制、边生产”的方针，在基建为生产创造了一定条件后，积极组织试生产，使之尽快发挥投资效果，为国家创造财富，适应国防建设的需要。同时，通过生产试制，及早发现工程设计、工艺布置上存在的不合理之处，提前予以纠正和弥补。更重要的是，提前培养技术力量，锻炼提高组织管理水平。在基建过程中，随着生产准备和试生产的逐步展开，他把生产的组织机构、责任制度和管理制度以及职工队伍组织起来，在思想上、组织上、制度上、技术上为全面投入生产打下了坚实的基础。

在生产试制方面，肖云坚决贯彻“以零备件生产为主，适当兼顾整机试制”和“质量第一，在确保质量的基础上求数量”的方针，充分调动和发挥干部、工人和工程技术人员的积极性、创造性，组织开展技术革新、技术攻关、技术改造和“增产节约”运动，挖掘生产潜力，努力增加生产，加速产品试制，提高产品质量，1963 年，超额完成了国家下达的备件品种和产量任务，按计划为部队提供了技术装备。全年盈利 107.4 万元，摘掉了亏损帽子，结束了工厂吃“基建饭”的历史。

在开展整机试制会战中，肖云认真组织制订规划和措施，先后召开党委扩大会和职工代表大会，发动群众讨论落实，进一步统一完成试制生产和基本建设的认识和决心。他积极改进机关作风，为能及时了解情况，领导试制工作，使机关工作面向试制、面向基层和群众，做好服务，将工厂领导和党委、厂部的部委、科室的办公室由厂外办公楼搬入厂内办公。同时，不断改进工作作风，坚持实行干部参加劳动制度，厂级干部平均每月劳动不少于 4 天，每年不少于 48 天。肖云以身作则，通过劳动蹲点，联系职工群众，调查研究、总结经验、指导工作。并以“五好”为目标，在全厂范围内开展了“比学赶帮超”社会主义劳动竞赛，充分调动全厂干部职工的积极性，终于取得了两型整机试制的决定性胜利。

在“文化大革命”期间，肖云受到长时间的折磨和迫害，身心受到严重摧残，粉碎江青反革命集团后，肖云又以饱满的政治热情重新投入工作。1978 年起任陕西省航空工业局局长，他工作作风扎实、淳朴、认真，经常深入到厂、所、站、库调查研究，陕西航空工业 40 多家企事业单位都留下了他的足迹。他的思想作风、工作能力、领导水平在各级干部和职工群众中留下了深刻而难忘的印象，为中国航空工业，特别是陕西航空工业生产和科研基地的建设及发展做出了突出贡献。肖云于 1984 年离休，1995 年 12 月去世。

孔　华

孔华（1921. 12—　），山东长清人，国营兴华电器厂（2002年12月与洛阳航空电器厂重组为中航光电科技股份有限公司，简称中航光电）首任党委书记。1941年参加革命，任鲁西河西县回区抗联主任。1943年8月—1946年8月在中共河西县委会组织部工作。1946年8月—1947年8月，任中共河西县六区委员会副书记。1947年8—12月，在中共冀鲁豫六地委员会任组织委员。1948年8—9月，任中共六地办公室组织委员。1948年9月—1949年9月，在中共冀鲁豫党委组织部工作。1949年9月—1952年12月，在中共平原党委组织部工作。1952年12月—1954年5月，在第二机械工业部人事科工作。1954年5月—1957年11月，在二机部航空工业局干部处工作。1957年6月，参与兴华电器厂的筹建工作。1959年5月任国营兴华电器厂党委书记。1975年—1978年11月在沈阳市委国防工办任职。1978年11月—1980年11月任平原机器厂厂长。1980年11月—1982年12月，在航空工业部东北物资供应管理处工作。1982年12月离休。

1956年12月，第二机械工业部决定将沈阳第三研究所迁往西安，取消俄校，并将两个单位的房产设施及部分人员和国营第112厂（现中航工业沈飞）锻造车间全部设施及其人员，均划归上海航空电器厂，成立上海航空电器厂沈阳综合车间。

1956年，以孔华为代表的一批管理干部和技术工人陆续来到沈阳，开始筹建沈阳综合车间。1957年10月，二机部航空工业局决定对沈阳综合车间进行扩建，由国营第112厂锻造车间、二机部第三研究所、第三技校和俄校的房产设施组成沈阳上海航空电器厂分厂。

1958年6月7日，根据第一机械工业部文件精神，沈阳上海航空电器厂分厂扩建为国营兴华电器厂。1958年11月15日，经中共沈阳市铁西区区委批准，成立中共国营兴华电器厂委员会。1959年5月召开了中共国营兴华电器厂首次党员大会。孔华在大会做工作报告，并当选为第一届党委书记。孔华担任党委书记期间，坚持党的领导，贯彻执行党的路线、方针、政策，深入开展党的“鼓足干劲，力争上游，多快好省地建设社会主义”的总路线的宣传教育，推进了兴华电器厂政治工作的稳步发展。同时，积极建议工厂业余学校开设时事政治课，对进一步提高职工的政治素质起到了积极作用。

1959 年，为了保质保量地完成生产任务，孔华组织开展了社会主义劳动竞赛，并在职工中积极开展劳动模范、先进工人、生产标兵等评选活动。各车间、科室利用广播、黑板报，积极宣传报道在劳动竞赛中涌现出的好人好事以及创优产品等。兴华电器厂工会办了《劳动周报》《快报》等，宣传国内外的大好形势，宣传生产和工作中的新人新事。工会还利用各种文艺形式深入车间班组进行宣传，配合生产分厂宣传厂内先进人物和先进事迹，用多种形式促进社会主义劳动竞赛的开展，有力地促进了生产的发展。

孔华工作照

1961 年 10 月，兴华电器厂召开了第二次党员大会，全厂 267 名党员全部出席，党委书记孔华代表首届党委会向大会做了《认清形势，统一思想，更高地举起党的三面红旗勇敢向前，克服困难，为提前完成国家计划而奋斗》的工作报告。教育全厂党员在我国国民经济遭受严重困难面前，要吃苦在前，带领全厂职工，战胜困难，坚持生产。

1962 年，孔华根据中央组织工作精神和省市委的指示，结合兴华电器厂的具体情况，组织建立健全了考察干部制度。在工厂党委的领导下，组织部和人事科分工负责，对全厂办事员以上的干部，根据党的各个历史时期的要求，分别进行了政治、历史、业务和思想等方面的考察了解。

1963 年 3 月，根据中央组织工作会议精神，坚持以高标准、严要求教育党员的指示和市委“关于党员干部轮训”的精神，孔华结合工厂的实际情况，组织了对全厂党员进行分期分批的脱产培训。

1964 年，以宣传毛泽东思想为中心，组织职工学习毛主席著作，掀起了学习毛主席著作的高潮。同时，根据中共中央要求，学习解放军的政治工作经验，成立了政治部。一个学解放军、学大庆的群众性的大评比、大表扬的活动在全厂展开，广大职工响应毛主席“向雷锋同志学习”的号召，进一步树立了全心全意为人民服务的思想。

孔华在兴华电器厂任党委书记期间，宣传贯彻党的方针政策，加强了对入党积极分子的考察、培养，按照党章所规定的标准和条件，本着积极慎重的建党方针，不断地为党组织增添新鲜血液，扩大了党的队伍。使党员由 1957 年的 28 人增加到 1966 年的364人，增长了13倍。

党风问题是关系到党和国家的命运、关系到党的生死存亡的重大问题，为了端正党风，维护党纪，孔华同志在任职期间对各种违法违纪行为进行查处，给予14人开除党籍、15人留党察看、14人党内警告的处分。打击了歪风，伸张了正义，维护了党的纪律，促进了党风的明显好转。

1975年后孔华调离兴华电器厂，先后在沈阳市委国防工办、平原机器厂、航空工业部东北物资供应管理处工作。1982年12月离休。

赵竟成

赵竟成（1909.7—1991.1），山西平遥人，国营新兰仪表厂（现兰州飞行控制有限责任公司，简称中航工业兰飞）首任党委书记。1932年参加地方革命暴动，1935年10月在陕北红军大学参加革命，1937年10月在陕北红军大学加入中国共产党。曾在陕北红军大学三科学习，毕业后任教员、八路军总部教员、晋察冀军区政治部宣传干事、文娱科科长、宣传科科长，1942年5月在晋察冀抗日军政大学二分校、陕北抗日军政大学总校学习，1945年12月任晋中纵队一旅宣传科长，1946年2月任冀热察军区平北分区组织科长和教导大队主任，1947年1月在冀热察独立七师任组织科长、在21团任副政委、在察哈尔军区军政干校任副政委，1948年12月任第四野战军补训17团政委，参加过百团大战、辽沈战役、平津战役、湘西剿匪战斗。1950年7月任湖南会同军分区政治部副主任。1951年赴朝鲜作战，在志愿军47军教导大队任政委。1952年回国，在中国人民解放军第七航校预科总队任副主任，1953年7月任第七航校预备学校政治部主任。曾荣获冀热察二等模范奖章、中共河南信阳地委颁发的防汛抢险奖章。1955年荣获“八一”奖章、二级独立自由勋章、二级解放勋章。1956年7月在中南军区高干班学习，1959年5月转业到兰州国营新兰仪表厂任党委书记。1982年离休，1991年1月去世。

赵竟成于1959年转业到兰州国营新兰仪表厂工作，1959年5月7日，厂党委成立，赵竟成当选首任党委书记。

新兰仪表厂建厂初期十分困难，赵竟成和首任厂长邵晓平认真贯彻上级指示精神，坚持“边设计、边施工、边投产”的“三边”方针，组织和领导了建厂初期的技术管理和全面整顿，树立起了军工企业严格的工作作风和严明的生产纪律，使工厂面貌发生了显著变化，职工劳动热情高涨，生产形势不断向前发展，圆满完成部队急需的产品、备件生产任务，实现了当年建厂、当年投产和年年有新产品投产的规划，为祖国航空工业建设做出了积极的贡献。

赵竟成作为党委书记，十分重视思想政治工作，他经常向党员、干部和广大职工进行党的传统教育和作风教育，他领导和组织了“以厂为家、建设西北、为国争光、

赵竟成工作照

为民族争气”的教育活动，带领新兰仪表厂职工扎根西北、立足工厂、立足岗位、奋发努力，为航空工业做贡献。

赵竟成重视干部队伍建设，狠抓职工思想教育、组织观念教育和干部作风建设，自己以身作则，对各级干部严格管理、严格要求，对作风不良的干部毫不留情地予以批评教育，从而带出了一支思想作风过硬的干部队伍和职工队伍，为工厂能在各种困难的考验下顺利发展奠定了基础。他十分爱护干部和技术人才，特别是在1959年反“右倾”运动中，他坚决抵制了当时一些错误的做法，有效地保护了干部和知识分子，为干部和职工队伍的成长排除了干扰。

赵竟成重视调查研究，经常深入基层，了解职工的生活、工作情况，与职工群众打成一片，始终与广大职工保持着密切的联系。他积极支持职工群众的技术革新和合理化建议活动，大大调动了职工爱岗敬业的积极性和创造性。

赵竟成清正廉洁，保持艰苦朴素的作风，对子女和家属要求十分严格，从不搞特殊化。但是他对工人同志却非常爱护，有一次去省上开会，开车走在半路，遇见一位行走不便、进城看病的工人，他就先将工人送到医院，然后才去开会。赵竟成不搞特殊化的故事，至今传为佳话，受到了职工群众的尊敬和信赖。

赵竟成离休后，一直热情关心着工厂的建设和发展，经常了解工厂的情况，积极支持工厂各届领导班子的工作，做好扶帮带。1986年7月1日，他带病参加了工厂召开的庆祝中国共产党建党65周年大会，并向全厂党员做了《加强党的建设，振兴工厂》的动员报告，激励全厂党员、干部和职工为改变工厂落后面貌，实现二次创业拼搏奋斗。赵竟成于1982年离休，1991年1月去世。

黄华清

黄华清（1914.12—1969.2），安徽六安人，国营红旗机械厂（现西安航空发动机（集团）有限公司，简称中航工业西航）首任党委书记。1930年参加少年先锋队，担任队长，并参加了共青团。1931年2月参加中国工农红军，在红四方面军12师任战士、班长。1933年春在红28军82师任秘书、机枪连书记。1935年秋，随红25军进行了举世闻名的二万五千里长征，到达陕北后即由共青团员转为中国共产党员。抗日战争时期，先后任红军前方总司令部一处科员，晋察冀军政干校总支书记，军区组织科科长，卫生部政委，抗日军政大学总校整风队二队队长，校部组织保卫科副科长等职。解放战争时期，任东北军政大学三支队政委，哈尔滨卫戍区政治部副主任、公安局局长、社会部部长。1949—1953年，任南昌市公安局局长，警备司令部副司令员，广州市公安局第一副局长，公安总队政委。1953年起从公安战线转入经济建设战线，任华南垦殖总局副局长，西安仪表厂党委书记。1958年9月调国营红旗机械厂（现中航工业西航）担任领导工作，1959年7月被任命为党委书记。1965年2月调任中国科学院西北分院党委副书记，副院长，革命委员会主任。1969年2月病逝。

1957年，国家确定建设若干大型航空工业企业的项目，国营红旗机械厂是其中之一。1958年9月受上级领导委派，黄华清从西安仪表厂来到红旗机械厂担任主要领导工作，1959年7月被任命为工厂首任党委书记。

黄华清来到红旗机械厂后，正值工厂创建初期，百业待举，各项工作千头万绪。在这种情况下，他本着向党和人民高度负责的精神，总揽全局，忘我工作，在工厂认真贯彻执行党的各项方针政策，加强工厂党委的集体领导和党的组织建设，充分发挥各级党组织的作用，发挥以厂长为首的各级行政在生产管理中的积极作用。在支部建设上，通过支部整风、支委谈心会等方式，使党员在完成各个时期的生产任务过程中起到了先锋模范作用，带领广大干部职工为顺利完成工厂各项生产工作任务做出了突出的贡献。

工厂初创时期，生产、生活条件十分简陋。在这种情况下，黄华清深入基层，与干部职工亲切交谈，了解生产、生活、基建等方面的情况，与职工群众同甘共苦，密切了干群关系，掌握基层的实际情况，使各项工作的开展具有针对性，提高了工作效率。

在建厂初期，基本建设是一件大事，为了确保各项基建项目的施工质量，黄华清坚持“百年大计、质量第一”的原则，督促有关部门采取措施，在工程施工当中加强技术监督。工程完工后，组织有关人员对全部建筑工程逐项进行质量查实工作，对查出的问题，组织有关部门认真进行整改，集中力量进行部分厂房的加固、改造和收尾工程，保证了各项基本建设的质量。

在军品试制生产方面，工厂初创，条件不完备，按照“边基建、边试制、边生产”的原则，黄华清和工厂党委贯彻“积极试制，稳步前进，加强管理，保证质量”的方针，在军品主要部件的试生产阶段，生产管理部门摸索创造了零件试制的先锋批制度、试定型制度，组织成立了由领导干部、技术人员、生产工人组成的三结合小组进行技术攻关，在生产管理、技术管理、设备管理等方面建立健全各项规章制度，使工厂的军品生产与各项管理工作逐步走向规范化。所有这些工作，为工厂迅速完成军品的整机试制任务、保证军品质量打下了基础。

工厂创建不久，赶上国家三年经济困难时期，根据中央“调整、巩固、充实、提高”的八字方针，黄华清和工厂党委集中力量整顿产品质量和企业管理。根据工厂生产一度处于停工、半停工状态的情况，对生产计划做了两次比较大的调整，统筹安排，积极进行军品主要部件的试制，使军品试制得以顺利进行。

在三年困难时期，根据中央、省委和部、局关于“精兵简政”，压缩城镇人口，精减职工回农村参加农业生产等指示规定，工厂在1961年、1962年两年内先后精减职工6000余人，按期完成了国家下达的精减指标。在这个过程中，黄华清组织有关人员认真学习和贯彻中央和省委的有关政策精神，认真细致地做好职工的思想工作，按照“成熟一个走一个，成熟一批走一批”的原则开展工作，基本做到使走者愉快、留者安心，没有发生大的问题。从而稳定了职工队伍，为顺利完成工厂的各项生产任务创造了良好条件。

在后勤工作与职工福利方面，工厂处于初创阶段，又赶上国家困难时期，职工宿舍、食堂等生活设施尚未全部完工，有一段时间职工队伍大量增加，给后勤保障工作增加了许多困难。在这种情况下，工厂党委贯彻自力更生，一手抓生产、一手抓生活的方针，采取多种措施筹集资金修建各种生活设施，逐步解决了职工的吃饭、住宿、医疗保健、文化娱乐、厂子弟的入学入托等福利事项，稳定了职工队伍，促进了工厂的发展。

黄华清同志（左二）深入生产现场了解情况

工厂党委加强对工会、共青团的领导，结合各个时期的中心任务，大力开展社会主义劳动竞赛，组织职工参加政治、文化、技术学习，帮助安排职工生活，开展各项文体活动，活跃职工业余文化生活，推动了工厂生产任务的完成。

1965 年 2 月黄华清调中国科学院西北分院任党委副书记、副院长。1969 年 2 月 28 日在中国科学院西北分院任职期间不幸病故，享年 54 岁。

昝 凌

昝凌（1912.9—1967.9），天津人，航空仪表自动器研究设计所（现西安飞行自动控制研究所，简称中航工业自控所）副所长兼总设计师。1932年考入南开大学，1936年转入清华大学数学系学习，1939年空军机械学校高级班毕业，1942年任航空研究院研究员，1945—1947年赴英国空军部试验所及无线电仪器厂实习。新中国成立后，任中国人民解放军空军工程部和重工业部航空工业局工程师。1956年参与制订了国家航空科学技术发展十二年规划，同年被国家授予一级工程师。1957年3月，受命组建新中国第一个航空仪表设计室，任室主任兼总设计师。1960年3月，设计室扩编为航空仪表自动器研究设计所，昝凌任副所长兼总设计师。昝凌先后当选为第一、第二、第三届全国人大代表，陕西省电子学会常务理事、陕西省航空学会副理事长、中国自动化学会理事和中国航空学会理事。1967年9月去世。

1949年3、4月间，在中共地下党组织的引导和掩护下，昝凌与20多位中高级技术人员摆脱了国民党的控制，在上海迎来了解放。

1950年12月，昝凌被调往北京空军工程部修理处工作。他针对陀螺转速无法测量、质量无法判断的问题，在工程部领导的支持下，根据美国仪器的基本原理，仅用几个月时间，自行设计成功了一台非接触式电子闪光测速仪，测量转速超过美国仪器的4倍，而整个研制经费仅用了200万元（旧币）。在此基础上，昝凌对产品进行了结构上的改进设计，使之广泛用于测量各种发动机、发电机、电动机及其他转动机械的转速，并用来校准机械式及电气式转速表的刻度。1953年3月，第二机械工业部航空工业局向昝凌颁发了创造电子闪光转速仪的奖状和奖金400万元（旧币），但他把这笔奖金全部捐献给了抗美援朝事业。

从1953年开始，新中国航空工业正处于从修理逐步走向制造的过渡时期，技术力量比较薄弱。昝凌多次受组织派遣，协助各航空工厂解决修理和生产中出现的技术难题，为保证修理的飞机按时出厂和新飞机的仿制做出了贡献。1956年，昝凌参加我国航空工业代表团赴苏联进行技术考察，并出访欧洲购买科学仪器和机床设备。1962年秋，又以副组长的身份赴英国参加“子爵”号飞机的验收工作。出访过程中，昝凌密切关注国外航空科技发展动向，广泛搜集有关资料信息，无条件地提供给国内有关部门参考，并先后撰写了47份约35万字的技术考察报告，积极建议通过技术贸易的方式，学习、吸收国外先进技术为我所用，受到我驻英代办处的赞扬和领导部门的高度重视。

1957年3月，昝凌受命组建新中国第一个航空仪表设计室，担任室主任兼总设计师。他领导了对3种苏式航空仪表的改进设计，以锻炼技术队伍，摸索自行设计的工作规律。与此同时，他亲自主持了应用磁滞原理的一种新型电动机的研究，并将成果用于改进和新设计的航空仪表，作为执行电机应用于飞机自动驾驶仪的舵机，并取得了成功。

1960年3月，航空仪表设计室扩编为航空仪表自动器研究设计所，昝凌被任命为副所长兼总设计师。通过深入空军部队调查，他适时做出了从航空仪表的改进设计转向自行设计轰炸机自动驾驶仪的重要决策，使研究所的科研工作从研制系统入手，开拓了我国飞行控制技术的新领域。

昝凌提出的621自动驾驶仪是替代苏联产品的方案，他参加了每个部件设计方案的讨论，仔细审定每张设计图样，亲自指导设计人员进行设计和试验。在设计过程中，昝凌提出的用测速发电机作为速度反馈，来实现对采用快速同步的磁滞电机的伺服器的线性调节，突破陀螺马达外转子设计的常规而采用内转子设计以提高效率，都被实践证明是成功之举。

昝凌出访英国照

1966年10月，621驾驶仪在第一次试飞改进基础上进行了第二次试飞，取得圆满成功，驾驶仪的各项性能指标都超过了苏联产品。该产品成为我国自行研制成功的第一套飞机自动驾驶仪，它的研制成功为我国飞行控制技术的发展奠定了基础。这项成果于1978年获全国科学大会奖。此外，昝凌还主持研制了歼击机纵向阻尼器，探索了飞机增稳技术。

在研究所的建设上，昝凌既着眼于配合新机研制抓紧型号产品的设计，又善于规划未来，安排一定的预研课题进行探索性研究，有力地配合了主机的研制，并为将来的型号研制储备了必要的技术条件。在20世纪60年代初，就规划了半液浮速率陀螺、适应式控制系统、液压舵机、飞机交流供电系统和高度速度中心仪等预研项目，为研究所新的专业发展开辟了道路。

昝凌十分重视试验手段建设，强调设计出的产品必须经过严格的地面试验，以验证理论计算的正确性，并自行研制非标准的地面测试设备——三轴飞行模拟转台，该转台于1962年11月完成制造并投入使用，在驾驶仪的地面物理模拟试验中发挥了重要作用。在昝凌的推动下，相继建成了地面环境实验室和大型飞行仿真实验室，自行研制成功24阶电子管模拟计算机、单轴转台、特技试验台、高度差模拟器、精密调速转台、操纵系统地面模拟试验台等，这些试验手段的建立对加速产品的研制起到了关键作用。

“文化大革命”中昝凌受到了冲击，1967年9月10日，心脏病突发，倒在自己宿舍门前，终年55岁。1978年，昝凌同志蒙受的不白之冤终获彻底平反。

王学博

王学博（1926.6—1994.7），山东招远人，襄樊航空工业学校（1962年改为航空密闭头盔和高空代偿服厂，后改为汉江机械厂，2003年12月与宏伟机械厂和中国航空救生研究所重组整合为航宇救生装备有限公司，简称中航工业航宇）校长兼党支部书记。1945年8月参加革命，在山东省公安系统工作，曾担任过侦察员、股长、科长、代理分局长。1954年6月响应国家“充实国防建设”的号召，转业到国营第120厂（现中航工业东安）任保卫处科长、处长。1955年1月在中央公安学院经济保卫系学习。1960年5月担任襄樊航空工业学校校长兼党支部书记。1962年5月校改厂后任航空密闭头盔和高空代偿服厂（后改为汉江机械厂）党委副书记，并先后任监察书记、工会主席，厂革委会副主任、主任。1975年10月任湖北省国防工办六机局副处长、处长；1981年7月任航空工业部中南物资供应站党委副书记、党委书记。1986年6月离休，1994年7月去世。

1959年底，航空工业局为了适应航空工业大发展的战略形势，决定在全国范围内新建12所中等航空工业学校，培养造就航空工业技术人才，以满足今后航空工业建设、发展的需要。1960年初，航空工业局决定在湖北省建一所航空工业学校。1960年3月，襄樊航空工业学校（简称襄樊航校）在湖北省省委和襄樊市市委的大力支持下孕育而生。1960年5月，王学博受航空工业局的委派，担任襄樊航空工业学校校长兼校党支部书记。

王学博在担任校长后，在既无校舍又无任何教学设备的情况下，不仅要负责学校的基本建设工作，还要承担选调老师和招生的筹备工作。

为了完成航空工业局提出的“当年招生，当年9月开学”的计划指令，王学博和崔思翰副校长带领从南昌航空工业学校调来的14人和北京航空工业学校选调来的20名毕业生，以及陆续抽调到襄樊航校来工作的教职工开始了夜以继日的建校工作。王学博带领襄樊航校全体教职员工参加基建劳动，拉板车搞搬运，做辅工、修马路，常常加班到天黑。为了确保9月1日开课，不影响教师备课，襄樊航校还在襄阳天主教堂借了几间房子，将教师全部集中，开展教学准备工作。1960年7月，根据航空工业局

王学博生活照

的要求，湖北省高教厅批准襄樊航校招生指标 200 名。1960 年 9 月，经全校教职员工的艰苦努力，4 栋砖拱平房，1 栋简易教室，共计 900 米^2 的建筑初步完成。

襄樊航校如期开学了。由于国家遭受自然灾害，国民经济出现严重的困难，导致生源不足，实际招收中专班学员 75 名，招收技工班学员 30 名。为了建设襄樊航校，学校开学即提出“艰苦创业，劳动建校”的口号，全校师生员工 270 余人在王学博的亲自带领下，继续战斗在紧张的建校劳动第一线。

1960 年 5—12 月，全校师生员工 270 余人，共进行了 10000 个劳动日的建校劳动，自己动手盖食堂、修厕所、平球场。到 1960 年 12 月底，襄樊航校的实习工厂购进教学实习设备 134 台，价值 60 余万元，并逐步安装到位。这些教学实习设备的正常运转，不仅为建校做了必不可少的辅助机械加工，而且由于襄樊工业企业有限，航校的实习工厂还承担了襄阳地委分配的为襄阳县农业排灌机械设备的修理任务。

1961 年，党中央为了解决国民经济出现的困难局面，提出了“调整、整顿、充实、提高”的方针和“压缩城镇人员，一切支援农业”的号召，国家停止了对部分新建项目的投资，学校的基本建设也停止了。8 月份，来自农村的学生和部分职工，按照国家的文件精神，在市委的统一部署下，下放回农村。

1962 年 5 月，航空工业局正式决定襄樊航校停建，学校改为工厂，确定厂名为襄樊航空密闭头盔和高空代偿服厂，后改为国营汉江机械厂；职工总数 243 人；机械设备 46 台（其中金切机床 41 台，锻压设备 4 台，铸造设备 1 台）；企业占地总面积 55321 米^2（其中厂区 21778 米^2）；企业房屋建筑总面积 9193 米^2（其中厂房建筑面积 3463 米^2）。

改校建厂后，王学博继续担任企业的负责人（工厂党委副书记），带领全厂职工不畏艰险，排除干扰，战胜了自然灾害和各种干扰造成的种种困难和压力。1962 年当年即完成工业总产值 36 万元，为年计划 30 万元的 116% 。不仅做到了自给自足，还上交利润 2 万元。

国营汉江机械厂由襄樊航校改建成为航空企业，不仅是襄樊的第一家航空企业，也是襄樊的第一家军工企业。汉江机械厂经过 40 多年的发展历程，已发展成为中国唯一的具有一定规模的航空防护救生研发、生产企业。其研发、生产的产品填补了新中国航空个体防护装备的空白。2003 年，为了与国际接轨，增大竞争力，在中国一航的指导下，汉江机械厂与宏伟机械厂和航空救生研究所整合重组为航宇救生装备有限公司。

1975 年 10 月，王学博调湖北省国防工办六机局任副处长、处长，1981 年 7 月任航空工业部中南物资供应站党委副书记、书记。1986 年 6 月离休，1994 年 7 月去世。

王洪章

王洪章（1930.10— ），吉林蛟河人，第三机械工业部第605研究所（现中国特种飞行器研究所，简称中航工业特飞所）第一任所长。1945年参军，1950年在空军第二航校学习，后在空军和海军担任团、师机务主任。1960年任水上飞机设计室副主任（主持工作），1961—1967年任第十研究所副总工程师。1968年1月受命组建第605研究所，1969年7月任所革委会副主任，1973年任所行政、科研、基建主要负责人，1979年4月任第605研究所首任所长，1984年4月任605所科技委主任、高级顾问。1956年获得解放奖章一枚；1987年因水轰5研制中做出的重大贡献获国家科技进步一等奖；1968年获得航空工业部科技进步一等奖，1990年获得国防科工委优秀研究报告和航空航天工业部科技进步一等奖；航空工业有突出贡献的高级技术专家、享受国务院政府特殊津贴；多次获得湖北省科技进步奖项和荣誉称号。王洪章是湖北省第六届政协委员，1994年10月离休。

1960年9月—1962年7月，王洪章参与了水上飞机设计室的工作，担任设计室副主任，负责“海鸥”601水上轰炸机方案设计工作，为筹建海军特种飞机研究所创造了条件。1962年7月23日，国防部任命王洪章为该所副总工程师。1962年11月13日，海军特种飞机研究所正式组建。由于该所长时间进入不了正式科研领导体制，在长时间没有安家、没有科研经费、没有科研体制的直接领导和三年自然灾害极为困难时期，王洪章依靠党委的集体领导，遵循从仿制过渡到自行研制的方针，亲自制订计划，并领导了以培养训练技术队伍为目的创造科研实践条件，在科研实践中练技术，练思想，练作风，练协同，将海军航空兵分来的各类技术人员组织起来，从复查“海鸥”601设计方案入手，进行轻型水上轰炸机方案设计，对从苏联进口的别-6水上轰炸机进行试飞、测绘和设计分析研究入手，以达到学习水上飞机设计知识、摸透飞机性能的目的，为我国飞机研制打下了基础。

1964年1月—1967年12月，王洪章担任航空研究院第十研究所副总工程师期间，参与组织领导了轰5改61F发动机的改型研制、轰6改空中试车台吊舱设计、安-24

飞机测绘研制和运 7 方案设计、轰 6 飞机空投核武器飞机安全性论证和飞机核效应试验等工作。

1968 年 1 月—1984 年 4 月，王洪章在担任 605 所负责人、所长兼任总工程师和水轰 5 飞机总设计师工作期间，确定了“抓住机遇，艰苦创业，边打边建，边干边学，为海军研制特种飞机而奋斗”的建所方针。领导了别－6 改型研制、水轰 5 飞机设计、试制、试验、试飞和生产 4 架水轰 5 飞机工作，从而加强了海军水上飞机部队战斗力，实现了海军发展水上轰炸机和其他特种飞机的规划要求。王洪章还参加领导了 605 所三线选址和总建设工程，为 605 所安家和水轰 5 飞机研制生产创造了条件。

1969 年 7 月，王洪章被任命为水轰 5 飞机现场三结合领导小组副组长，分工负责领导水轰 5 飞机研究设计、试验、试制全部技术工作。当时我国航空工业尚处在仿制为主的年代，尚没有我国自行研制飞机的规范、条例和研制指南性规定。在极端困难条件下，王洪章敢于打破常规，闯自己研制飞机的道路。他起草了水轰 5 飞机研制总方案和研制计划，提出了飞机设计、模线设计和工艺装备设计平行交叉作业方法。组成若干三结合小组，吸收空军地勤人员和工厂的工人、技术人员参加设计，飞机设计人员也参加模线设计和工艺装备设计，相互交流、优势互补，仅用 5 个月的时间就完成了水轰 5 飞机的总体设计，8 个月时间完成了水轰 5 飞机的产品设计、模线设计和工艺装备设计。这些工作按常规需要 4 年才能完成，在王洪章的领导下，研究所技术人员和工人仅用一年多时间就完成，极大地缩短了水轰 5 飞机研制周期。

王洪章一直战斗在水轰 5 飞机研制现场，与技术人员同吃同住，带头艰苦奋斗。他把平行交叉作业方法推广到水轰 5 飞机设计、试验、试制和试飞全过程中，所有的关键技术都必须有论证报告，注重研制过程中设计、试验工作的质量控制。为钻研技

1984 年 11 月王洪章（二排中坐者）在青岛陪同领导同志观看水轰 5 飞行表演

术阅读技术资料，他经常工作到深夜，经常每天只有两三个小时的睡眠时间。他带头刻苦钻研技术，在工作上一丝不苟严格要求，注重在实践中培养干部，锻炼队伍。

1976 年 4 月，水轰 5 飞机首飞成功后，王洪章大胆而及时地提出在试飞的 02 号飞机技术状态的基础上，加以适当调整设计，立即投产 4 架机，提供水上飞机部队使用，从而解决了海军的急需。1985 年 4 架试用型水轰 5 飞机交付海军列装服役至今。

1984 年 4 月—1994 年，王洪章在担任研究所科技委主任期间，组织完成了国防科工委关于水轰 5 水陆两用型飞机的方案评审。1987 年东北大兴安岭山林大火之际，王洪章积极参与和组织将水轰 5 飞机成功改装灭火飞机，填补了我国大型水上飞机改装森林灭火机的空白。

为不断推进我国水上飞机和水面飞行器事业的发展，王洪章还积极撰写并提出我国发展水上飞机和水上飞行器的论证报告，谋划中小型多用途水陆两用机的开发方案，提出发展水面效应飞机和充氦飞船技术方案和建议，用自己毕生的智慧和力量投入我国水上飞机研究和开发事业之中。王洪章于 1994 年 10 月离休。

李甲寅

李甲寅（1913.12—1982.9），河北隆尧人，国营新卫机械厂（现郑州飞机装备有限责任公司，简称中航工业郑飞）代理厂长。1937年11月参加革命，同年加入中国共产党，历任河北省南宫县东进挺进队战士、会计，129师骑兵团供应科科长，冀南军区后勤部经济科科长，14纵队后勤部材料科科长，华北炮兵后勤部副部长。曾在上海、新乡做过党的地下工作，1946年、1947年曾荣立过两次功。解放后投入到新中国的经济建设中，1952年任中南纺织管理局工程公司副经理，主持筹建了郑州市国棉一、三、四、五、六厂，安阳豫北纱厂，新乡平原纱厂的工作。1955年任河南省城市建设管理局副局长、河南省建设厅副厅长，制订了河南省以及郑州市发展建设规划，参加了郑州市中州宾馆、省人民医院、郑州市自来水厂的筹建及落成。1957年任开封化肥厂筹建处副主任、河南省化工局副局长。1960年11月任国营新卫机械厂代理厂长。1975年任河南省国防工办副主任、党组成员。1982年9月去世。

1960年11月，李甲寅从河南省建设厅派到国营新卫机械厂担任代理厂长。按照国家国防建设“靠山、分散、隐蔽”的指导方针，李甲寅满怀信心，带领干部职工挺进远离大城市的豫西伏牛山下的灵宝县，开始了风雨坎坷的创业历程。

李甲寅是新卫机械厂初期的拓荒者，在一片荒芜的山沟里，房无一间、设备无一台的情况下，他带领干部职工自力更生、艰苦奋斗搞基本建设，与干部职工摸爬滚打在一起，住窑洞和临时搭建的“干打垒”工棚，喝的是下雨河沟里的黄泥汤水。在他的带领下干部职工齐心合力，在短时间里就生产出第一批为轰6飞机配套的特种挂架产品，以及“红专”502桨毂产品，满足了当时国防建设的需要，为新卫机械厂的初期科研生产做出了重大贡献。

20世纪60年代初期，由于国家处于困难时期，工厂两次下马缓建，国家不再投资金，全厂职工生活相当困难。李甲寅先后召开党员领导干部会议，召开干部职工大会，层层动员，群策群力，确定了“自力更生保摊子，自己养活自己，为建设服务，支援农业，武装自己，为建厂创造条件”的决策。他带领干部职工，一是自力更生、开荒种地、维持职工的基本生活，据统计全厂共开荒800余亩，收获粮食两万余斤；二是成立生产办公室，在没厂房的条件下，充分利用食堂、仓库、职工宿舍，安装各种设备83台，调遣524名干部职工组成生产线，生产高压化肥管件，生产支援农业的零备件，年创产值14万元；三是咬定航空军品不放松，在艰难困苦的工作生产中，靠他执著的拼搏精神，依靠广大职工形成了军民结合的生产能力，工厂站稳了脚跟。工厂在"以民养军"生产方针的指导下发展壮大，得到上级部门的认可，航空工业局根据工厂生产能力，正式下达给工厂的生产计划、产品有：民品高压管50吨，炮塔零部件仿制定型、运弹车、手摇绞弹车等军品仿制任务。1962年3月，工厂攻坚破难完成了"红专"502飞机桨毂试制任务，成为工厂发展的支柱产品；1962年底，交付绞弹车7辆。更可喜的是在李甲寅的带领下，于1967年在简陋的生产条件下，生产出了我国第一颗氢弹的投放挂钩，受到了中央军委、第三机械工业部、武汉军区及河南省国防工办的嘉奖。

1963年，国家经济形势好转，新卫机械厂重新上马，到1964年底职工人数由500多人增加到1000多人，设备从几十台增加到160多台，建筑面积从无到有，突破7000米^2，生产条件大为改善。根据新卫机械厂设计规模，李甲寅带领班子重新制定了工厂的发展方向，并获得三机部的批准。在原有一个分厂的情况下，又在附近建立起总厂和两个分厂，形成了"一条裤子三条腿"的工厂格局。

工厂从1964年10月重新上马破土动工，只用两年时间就基本完成了土建、设备安装任务，开始投入生产，以只争朝夕的速度，建起了轰炸发射军械装置分厂、工艺制造和机电设备大修分厂。为了工厂的后续发展储备有生力量，工厂报经三机部批准，建立新卫机械厂半工半读技术学校，为企业培养了大批的技术工人。同时工厂的产品项目、产量逐年增加，承担起生产航空低压油泵、火箭发射筒以及悬挂发射装置等，特别是生产的3－7挂钩，用于我国第一颗小型原子弹空投放试验成功，工厂威名大振，从此工厂在飞机外挂产品上占据了重要位置。

李甲寅时刻关心着职工的生活。1965年，工厂当时正处在困难时期，生活在三线山沟里的广大职工非常艰苦，整天除了红薯面没有其他副食品供应，李甲寅与干部职工同甘苦共患难，从不搞特殊。当时军品生产任务相当紧张，一线职工没日没夜地加班加点，生产出产品立即发货，工厂资金很紧张，他就向银行贷款给职工发工资，他经常对干部们说："再难也不要难了一线的工人。"为了抓好科研生产任务的完成，他要求总厂机关人员每天都要乘坐班车到各分厂帮助基层工作，并亲自到车间劳动，在老厂长的带动下，广大职工干劲高昂。

1975年，李甲寅调到河南省国防工办任副主任、党组成员。1982年9月去世。

胡 曦

胡曦（1923.1— ），安徽绩溪人，江淮仪表厂（2009年12月与皖安机械厂合并为合肥江航飞机装备有限公司，简称中航工业江航）代理厂长。1942年1月参加革命工作，1943年7月加入中国共产党。1942—1952年，历任苏中三分区税务局会计、新四军一师教导团特务连党支部书记、山东军区卫生部第二军医院政治指导员、第三高级步兵学校直属政治处宣传股长。1952年7月—1961年5月，历任南京降落伞厂（现中航工业宏光）党总支副书记、书记、厂技术学校副校长、副厂长、总工程师。1961年6月—1966年，任合肥江淮仪表厂改校建厂核心领导小组成员、代理厂长、总工程师。1975—1978年，任合肥市科技局副局长。1978—1980年，任中国科学院合肥分院规划组负责人。1981—1983年，任中国科学院合肥智能机械研究所科技处处长。1983年8月离休。

1961年6月，第三机械工业部调胡曦到合肥任江淮仪表厂改校建厂核心领导小组成员、代理厂长、总工程师，筹建专业研制生产航空供氧装备的工厂，厂址就是安徽合肥航空工业学校。当时航空供氧装备的生产还处于多家共同生产的状况，主要分布在太原、宝鸡这些地方的企业，但产品处于边缘产品地位。胡曦来到安徽合肥后，多次去航校走访、调研、测绘。同时，奔波于省委、省政府等相关部门协调建厂有关事宜。那时候，房子少，厂区两边都是空地。胡曦亲自作厂区构想，绘制草图。一个月后，胡曦到第三机械工业部汇报，很快获得了部里的批准。随即，部里派出设计院开始勘察设计，并很快开始了施工。胡曦依然是每日前往现场，及时协调。

1962年开始建厂，当年出产品。这一年是建厂不平凡的一年，当时处于三年自然灾害的后期，生活条件较为困难，人员来自四面八方，由原272厂、六安航校、合肥技校合并到一起，思想尚未安定，接着大刀阔斧地搞精简下放，原航校改建工厂，能作为生产基地的只有两幢教学楼和两座师生食堂，其他大部分是利用航校临时实习工厂，条件简陋，作为军工生产条件要求，远远不相适应。在这样的条件下，胡曦带领职工按照“边基建、边试制、边生产”的方针，组织职工基建、生产、试制齐头并进，保证了工厂建设快、试制投产快、增加收入快。

胡曦生活照

在此期间，为减少亏损，尽快试制和生产军品，满足空、海军和主机厂的配套需要，胡曦动员全厂职工发扬“艰苦奋斗，勤俭建厂”的精神，因陋就简筹建工厂，利用原合肥航校实习工厂的临时厂房安排生产民品，同时组织力量进行军品试制投产。当时工厂上的第一个产品是氧气减压器，这是一个随着空域高度按人体需要进行调节，对飞行员进行分量供氧的器件。这个产品对于飞行员的供氧调节是很重要的，也是工厂当时的核心产品。由于工厂技术人员缺乏，并且对航空供氧装备也不是很在行，胡曦借鉴自己曾经在南京降落伞厂工作的经验，带着一班技术人员自己摸索进行技术攻关。为了搞好项目，胡曦下班以后仍留在车间加班，还经常拉上军代表，现场及时解决相关问题。功夫不负有心人，摸索中的氧气调节器项目进展顺利，在很短的时间内就研制定型进行试制生产。当年，还生产出仿苏 312 M 万能磨床、活尖顶、活塞销等设备配件，满足了生产需求。当年 12 月 16 日，YJY－1 氧气减压器仿制试生产定型。12 月 30 日召开隆重的祝捷大会，安徽省人民政府、合肥市委、省军区等有关领导参加了会议，三机部也发来了贺电。

1963 年 6 月，民品生产继续进行，军品试制和生产有了增长。当年 9 月完成氧气示流器仿制试生产定型，并生产和交付了氧气示流器、氧气减压器以及成套备件等产品。

1975 年后胡曦调合肥市科技局，中国科学院合肥分院规划组、智能机械研究所科技处工作。1983 年 8 月离休。

杨劲夫

杨劲夫（1912. 11—1982. 2），吉林永吉人，航空情报研究所（现中国航空工业发展研究中心，简称中航工业发展中心）副所长，临时党支部书记。1937 年毕业于哈尔滨工业大学。1939 年 6 月参加革命，同月加入中国共产党，曾在四川成都从事党的地下工作和抗日救亡运动，与其他党员一起组织了东北救亡总会成都分会，负责分会的宣传工作。1941 年 8 月赴美国学习空勤通信，1945 年底回国后到解放区工作。1946 年在张家口平绥铁路局任股长、电讯课长，1947 年 2 月调到东北航校编译室任主任，荣立小功一次。1949 年在北京军委航空局任业务科长，同年调军委空军工程部，历任科长、副处长、处长，荣获三级解放勋章。1961 年调入国防部航空研究院，负责组建航空情报研究所，先后任副所长（所长空缺）、临时党支部书记、党委副书记、所技术委员会主任、顾问，中国航空学会理事，科普委员会副主任委员等职。1982 年 2 月去世。

1961 年 10 月，国防部航空研究院成立航空情报研究所，调空军工程部特设处处长杨劲夫任副所长（所长空缺）并负责着手筹建工作。

杨劲夫上任后，立即组织调研了多个科技情报单位，对各情报单位的方向任务、编制序列、业务分工、情报资料、编辑出版工作做了较全面的调查研究。在此基础上，从原则、任务、体制、机构设置、组建的具体做法、工作发展的估计等方面制订了建所方案和人员培训规划，坚持了以综合性、方向性航空科技情报研究为主，集中力量调研世界航空技术发展动态，及时为领导机关提供所需的有关国内外科技情报资料，同时兼为各专业所提供所需综合性航空科技情报资料，并负责对各专业所情报室进行业务指导的建所方向。贯彻“边研究、边建设”的方针开展情报资源建设、情报人员培养和情报研究工作。

其后，杨劲夫在研究所工作的 20 多年里，对该所的基础建设、方向任务确定、人才培养、情报研究和工作制度的建设，均有建树。

早在 20 世纪 60 年代，杨劲夫就一直强调“十年树木、百年树人”的干部培养思想。他要求全所各级领导全面认识出成果与出人才的关系，制订了先去空军部队与空

杨劲夫工作照

军修理厂实习，再进行外语培训的人才培养计划。将“文化大革命”前来所的大、中专毕业生先后派出80多人去空军部队和空军修理厂实习，摸“活飞机”。实习期间，所里不断派人去检查，促进实习要求的落实。实习结束回所后，他亲任考核组长，对实习人员进行考核。他还多渠道开展外语培训。在培养人才方面他呕心沥血、言传身教。他对下属要求严格，亲自审查修改稿件，致力于培养一丝不苟、严谨的工作作风，该时期研究所培养的一大批情报专家都成了航空科技情报工作的核心力量。

杨劲夫在航空科技情报工作的基础建设中，注重航空科技名词的统一和词汇规范化，他主持编写了俄汉《航空名词》《航空工业科技词典》。他对引进的一批世界航空科技发展中的先进概念予以科学定名，如电传操纵、翼身融合体等都得到了航空界的认可。

杨劲夫重视开展情报动态研究，创立了《国外航空简报》等动态刊物，及时向上级领导提供有关国外航空发展和管理的情报；他重视专题情报工作，积极配合研究院的中心工作提供情报资料和翻译服务；他更重视开展综合性的战略情报研究，努力提高为高层次决策服务的情报研究水平。他带领航空科技情报人员，创造性地开展情报研究，他提倡大量占有资料，全面、综合地研究分析问题，尊重客观，坚持真理，不要人云亦云随大流。他要求情报人员这样做，自己也是这样做的。通过言传身教，严把质量关，在很短时间内为国家制订航空发展规划、自行研制设计飞机提供了大量有重要参考价值的情报资料。

1963年10月，杨劲夫首先倡导并主持了我国第一部汉语主题词表——《航空科技资料分类主题表》的编辑工作。亲自主持制定编写大纲，提出“要反对洋奴思想，我们要走自力更生的道路”，要编写一部适合我国国情的《航空科技资料分类主题表》。杨劲夫提出按汉语拼音字母顺序排列主题词，在国内也是首创。

《航空科技资料分类主题表》是一部具有7000个主题词、7万个组配式标题、共8个分册的巨作。尽管存在一些缺点，但它是我国第一部自编主题表，为我国的检索方法研究闯出了一条新途径。该主题表以汉语拼音字母注音，解决汉语主题词排检问题的做法开辟了中国化检索工具的方向，它还为我国采用主题法起到了宣传和推动作用，培养了人才。杨劲夫同志为我国的检索语言建设做出了创造性的重大贡献。1976年，《航空科技资料分类主题表》荣获全国科学大会荣誉奖。

“文化大革命”后，杨劲夫恢复工作。他不顾身染疾病，仍然坚持抓科研生产工作，狠抓了战略情报研究和情报业务培训，为“文化大革命”后航空情报工作的复苏打下了基础。

1978年11月，杨劲夫积极响应党的号召，退居二线担任顾问。他承担了主编《航空工业科技词典》的繁重任务，参加编写《航空史》及航空知识普及方面的工作。1982年去世。

刘鸿志

刘鸿志（1920.10— ），陕西凤翔人，航空研究院第一研究所（现沈阳飞机设计研究所，简称中航工业沈阳所）首任所长。1935年参加抗日救亡运动，参加中华民族解放先锋队，1937年被保送延安陕北公学学习，1938年3月加入中国共产党，1939年任延安大学校务会委员。1946年先后任北平解放报社出版发行科长兼分党支部书记、晋察冀日报社经理部长、县委宣传部长、省委宣传科长、东北局行政办公室主任兼党分总支书记。1953年以来，历任东北军区空军苏联空军招待总处处长兼党委书记、军区空军供给部长、航空工程部副部长、代理部长、部党委书记、军委空军工程部组织计划处处长、部党委委员等职。1958年负责筹建航空技术装备使用维护研究所（现空军第一研究所），担任所长、党委第二书记。1961年11月，刘鸿志被任命为航空研究院第一研究所所长。1965年部院合并后兼任国营松陵机械厂（现中航工业沈飞）第一副厂长兼总工程师。1973年任第630研究所（现试飞院）所长兼党委书记。1978年任第三机械工业部航空研究院第一副院长、党委书记。1982年任航空工业部老干部局局长。1983年受聘为中国航空工业史编委会科研分编委会主任。1984年12月离休。

刘鸿志是新中国第一个飞机设计研究所首任所长，歼8飞机研制的组织者和领导者。在建所初期，人员分别住在北京南苑、沈阳小河沿和三台子两市三地，组织制度和供给标准都不统一，条件艰苦，困难很多。刘鸿志以勤俭办科研、自力更生、艰苦创业的精神，与党委一班人抓紧时机，组织力量，大搞基本建设和试验设备建设。在不到3年的时间里，首批建成静力实验室，液压、操纵、燃油等系统实验室，机械加工厂房、锻铸厂房以及空压机站、配电间等设施，为摸透米格-21飞机和歼8飞机的研制创造了条件，也培养了这支队伍艰苦创业的作风。

在科研工作上，刘鸿志坚决贯彻中央军委关于“从仿制、摸透，到自行设计”的方针，他以很大的精力组织米格-21飞机摸透工作，针对当时科技人员存在“仿制无边，摸透无底”的思想和急于自行设计的急躁情绪，做了许多耐心细致的思想工作，并采取了许多有效措施，使全所、特别是广大科技人员统一了认识、明确了任务。与此同时，他还派出部分设计人员协助工厂进行米格－21飞机散装件的装配和仿制生产，掌握其生产工艺要求。

在开展非标准试验设备设计与摸透工作期间，刘鸿志还抓了正常科研秩序的建设。他主持制定了《加强科研管理，开展文明科研，开展文明生产的二十条措施》，保证了科研工作的顺利进行。

1964年，研究所科研工作重点由以摸透转向以自行设计为中心，刘鸿志顺应形势的发展，从组织上积极领导新机方案的研究和制订工作，在技术上充分发挥所技术委员会作用，通过技术委员会来发扬民主，贯彻领导、专家和群众三结合，并使技术委员会在科研设计中成为全所技术权威的组织，因而使歼8飞机的设计工作进展顺利，仅用一年时间即发完设计图样，在技术上未出现过大的反复，而且符合质量要求。

1965年5月，正当歼8飞机总体设计进入关键时刻，总设计师黄志千出国考察因班机失事不幸遇难。为了弥补这一重大损失，加强新机研制工作的领导，刘鸿志提议并经所党委和上级同意，决定成立总师办公室，这个总师班子，卓有成效地领导了歼8飞机的总体设计、现场三结合设计发图、试制跟产和初期的试飞工作，为歼8飞机的研制成功做出了重要贡献。

1966年初部院合并后，刘鸿志兼任松陵机械厂第一副厂长、总工程师，他同厂所的领导一起，组织和领导由500多人组成的现场设计队伍与工厂干部、工艺人员和工人三结合现场设计发图和试制跟产工作，并依靠工厂生产调度和工艺部门的密切配合，在批生产线上开创我国第一架高空高速歼击机的研制实践，并试制成功。

刘鸿志（前右一）工作照

刘鸿志在研究所创建初期就关心群众疾苦，组织力量，对科技人员普遍进行体检，还对身体虚弱和中年以上的技术骨干安排短期疗养或治病；利用农副业生产基础开办农场、作坊，办好食堂、托儿所。认真贯彻聂荣臻报告和“科研十四条”，给政治上受过触及的知识分子“摘帽子，解疙瘩”，落实政策，予以平反；对徐舜寿、黄志千、沈尔康等著名专家，在甄别平反前就大胆放手让他们主持全所的技术领导工作。刘鸿志尊重知识，爱护人才，关心群众疾苦，能够知人善任，在知识分子中产生了强烈反响，有效地调动了广大知识分子的政治热情和积极性。

在“文化大革命”中，刘鸿志受到了残酷迫害。1973 年 8 月他重新主持研究所的领导工作，为了尽快医治研究所在“文化大革命”期间的创伤，改变研究所的老大难面貌，他不计个人得失，通过走访、开座谈会、听汇报等方法，全面了解情况，找出问题和症结，同有关领导和党委一起制定改进措施，受到了全所人员的热烈欢迎和积极支持。

1973 年 12 月，刘鸿志调 630 所任所长兼党委书记，在他的直接领导和精心组织下，歼 8 飞机于 1979 年 6 月完成了飞机、发动机、火控系统和弹射救生等全部试飞任务，同年 12 月设计定型。1985 年 10 月歼 8 飞机荣获国家级科技进步奖特等奖，刘鸿志是获奖人之一。

刘鸿志 1984 年离休后，受聘航空工业部职工思想政治工作研究会副会长，航空航天工业部科学技术委员会特邀委员、航空研究院顾问、航空工业部扶贫领导小组组长、陕西省贫困地区经济开发领导小组顾问、中国扶贫基金会理事。1988 年获航空工业部颁发的“献身航空工业三十年”荣誉证书，1989 年获全国“老有所为精英奖”，1990 年评为部先进离休老干部。

翟曾平

翟曾平（1916. 12—1993. 10），河北无极人，航空研究院第一研究所（现沈阳飞机设计研究所，简称中航工业沈阳所）首任党委书记。1935 年 12 月加入中国共产党。1937 年 10 月参加八路军。抗日战争时期，历任排长、连长、大队管理主任、军分区司令部科长、教导队大队长等职。解放战争时期，曾任军分区司令部参谋主任、团政治委员。全国解放后，调任中国人民解放军空军团政治委员、军区空军工程部副政治委员、办事处主任、空军第五速中政治委员、空军第一研究所政治委员。1961 年 12 月任航空研究院第一研究所政治委员、党委书记。1962 年 8 月，任空军一所政治委员，1965 年任国家物资管理部政治部直工部部长、机关党委书记、军工局局长。1983 年 5 月离休，1993 年 10 月去世。

航空研究院第一研究所建所初期，住址分散在北京南苑、沈阳小河沿和三台子两市三地，组织制度和供给标准都不统一，条件艰苦，困难很多。翟曾平主要在北京南苑主持研究所临时党委会的工作。按照中央军委和院党委的指示，积极组建各级领导班子和党的基层组织，配备各级干部，并认真贯彻执行党对知识分子政策，进行了“摘帽子，解疙瘩”的工作，对团结和调动广大科技人员的积极性做出了努力。经过充分准备，于 1962 年 6 月召开了研究所首届党员代表大会，正式选举产生出所党委会、常务委员会，翟曾平任党委书记。同年 8 月，研究所和空军一所奉命分开，翟曾平调回空军一所任政治委员。1965 年，转业到国家物资管理部任政治部直工部部长、机关党委书记、军工局局长。“文化大革命”动乱期间，遭到迫害。1983 年 5 月离休，1993 年 10 月去世。

龚连山

龚连山（1917. 11—1965. 1），四川宣汉人，国营清江仪表厂（现成都凯天电子股份有限公司，简称中航工业凯天）首任党委书记。1933 年参加中国工农红军四方面军，1934 年 4 月加入中国共产党，参加了举世闻名的二万五千里长征。在第二次国内革命战争和抗日战争时期，历任战士、班长、排长、连长、营长等职，多次参加战斗，两次负伤，为二等乙级残废军人。抗日战争胜利后，调延安中央党校学习，1946 年 6 月调哈尔滨市工作，任公安局公安大队副大队长，警备团副团长兼参谋长，松江省军区独立五团团长，太平区公安分局局长。1949 年 10 月调哈尔滨市公安局政治处，先后任保卫处科长、副处长、处长。1953 年 5 月调国营第 120 厂（现中航工业东安）任副厂长，1960 年调三机部航空工业局邛崃新厂筹建处，任党委书记。1961 年 10 月调成都航空工业学校任党委书记。1962 年 2 月学校改为国营清江仪表厂后，任工厂第一任党委书记。1963 年 4 月任国营 155 厂党委书记兼厂长。1965 年 1 月因病去世。

1962 年 2 月，第三机械工业部为贯彻党中央制定的“调整、巩固、充实、提高”八字方针，增强航空机械仪表生产能力，解决机载仪表补缺、配套问题，扭转辅机落后、主机被动的局面，满足飞机生产配套要求，决定把原成都航空工业学校改为生产航空机械仪表的国营清江仪表厂。同年 4 月，第三机械工业部又决定把原隶属于国营峨嵋机械厂（现中航工业成飞）的原成都航空工业技术工人学校，连人带设备整建制并入国营清江仪表厂。

万事开头难。当时国家经济困难，资金短缺，在校改厂初期千头万绪的工作中，要在短期内完成职工安置、学生处置、建立健全管理制度、形成正常生产秩序等任务困难重重，形成生产能力更难。学校改为工厂时，仅有固定资产 400 万元、流动资金 160 万元，设备器材均系原两校教学所用的，既没有正规的生产场地，也缺乏配套的生活福利设施。由于国家困难，工厂没有获得足够的资金支持，既没有正规的生产厂房和生产设备，又没有完整配套的生活设施；工厂人员除从老厂调来少数领导干部和技术骨干外，基本是原两校的干部和师生，没有从事过仪表生产的技术人员和技术工人，缺乏办厂经验，困难十分突出。时任工厂首任党委书记的龚连山，迎难而上，带领党委一班人，团结全厂干部职工，发扬自力更生、艰苦创业的精神，按照“远近结合、土洋结合、必须与可能结合”的原则，一边建设，一边生产，开展企业自救。职工们自己动手搬运、安装、调试机器设备，组建临时生产线；自己动手铺设水、电、风、气管线，因陋就简地将原成都航空工业学校的教学大楼改建成仪表装配和试制车间；自己动手粉刷墙壁，油漆门窗，把学生食堂和澡堂改造成下料工段和生产库房；自己动手把部分学生宿舍改建成居家住宅；同时自制了一批急需的设备和工装，创造了试生产条件，而且在试制军品的同时，组织民品生产，自己动手开发、生产气象膜盒、汽车后底轴、汽车用马达齿轮等民用产品，弥补资金不足的困难。企业自救活动为工厂生产和职工生活创造了最基本的条件。

1962 年学校改厂时，第三机械工业部给工厂下达的定员人数为 1100 人，而当时两校教职工，包括实习工厂实习指导教师就有近 1000 人，加上学生总数超过了 1600 人。龚连山作为首任党委书记，面临最大的难题就是教职工工作安排、学生去向和处置。部分教职工受定员定编限制和所学专业影响，不能被安排到理想的岗位工作，安置任务十分繁重。除三年级学生继续学习直到毕业，户口在成都、重庆两市的一、二年级学生安排当学徒外，还要动员几百名一、二年级学生退学，派人员护送回乡务农，处置工作矛盾十分突出；还有 20 世纪 60 年代，国家经济困难，学校根据当时政策动员休学回家等待形势好转，返校继续学习的 322 名学生，得知学校改厂后，纷纷返回要求安置工作，龚连山既要派专人接待返回要求安置工作的学生，又要派人员到学生户口所在地办理改休学为退学的手续，说服教育工作十分艰难；再有 1958 年曾两校合并，人员、设备统一安排使用，1959 年又分家，因分家出现的矛盾和分歧当时还没有完全

龚连山工作照

消除，又要合在一起，团结稳定工作十分重要。党委书记龚连山带领党委一班人，团结全厂干部和职工，坚持化解矛盾、稳定职工队伍的思想政治工作方针，深入开展艰苦细致的思想政治工作，讲形势、讲大局、讲政策、讲团结、讲奉献，形成浓厚的思想政治工作氛围。有力化解了各种矛盾，顺利完成职工安置和学生处置，稳定了职工队伍，为工厂实现第一年完成校改厂任务，第二年完成4项产品生产定型，第三年实现扭转亏损，第四年为国家上缴利润提供了重要保证，做出了重要贡献。

1963年4月，龚连山调哈尔滨市工作。1965年1月因病去世。

刘　苏

刘苏原名仲义（1913—1992.1），山西人，航空研究院第二研究所（现沈阳发动机设计研究所，简称中航工业动力所）首任所长。1928年考入北方军官学校学习，毕业后在晋军二军五师14团任职。1937年卢沟桥事变后，刘苏参加晋绥游击队，走上武装抗日的道路并于当年加入中国共产党。抗日战争期间，曾担任八路军雁北支队司令，1945年升任晋察冀军区绥东纵队司令，指挥了收复集宁和挺进绥东，与苏联红军会合等战役。解放战争期间，刘苏先后担任一纵二旅副旅长、66军参谋长，参与指挥了石家庄战役、解放太原等重要战斗。1950年，朝鲜战争爆发，刘苏先后任66军、67军参谋长，两次入朝参战，参与指挥了第一至第四次战役和“夏季攻势”、“冬季攻势”等重要战斗，战功卓著，被朝鲜政府授予一、二级国旗勋章和二级自由独立勋章。1955年1月，刘苏任南京军事学院研究室主任。1957年任北京高等军事学院训练部副部长。1962年3月14日，任航空研究院第二研究所所长。1964年，刘苏晋升为少将军衔。1974年1月，刘苏调任三机部风洞指挥部副主任。1980年9月离休，1992年1月去世。

1961年8月6日，我国第一个航空发动机设计研究所——航空研究院第二研究所在沈阳正式成立。1962年3月14日，由周恩来总理正式签发命令，任命刘苏为该所所长。当时，所址尚未定，可谓“房无一间，地无一垄”，其生活和工作条件都十分艰苦。为了确定所址，当时研究过多种方案，刘苏带领人员多处勘察和向上级请示，在当年共接收地基面积483210米^2，房屋260栋，使研究所的科研生产和职工生活具备了初步条件。

航空发动机设计研制是一项复杂的系统工程。作为一个专业研究机构，必须有自己的发展规划。为此，刘苏组织副所长吴大观和总设计师虞光裕进行了编制研究所设计任务书的工作。1963年8月6日，国家计委正式予以批准，并开始研究所的建设。该设计任务书规定了研究所的建设规模和投资总额，是研究所建设和发展的基本依据。

研究所创建初期，在刘苏领导与组织下，开展了3个航空喷气发动机型号设计工

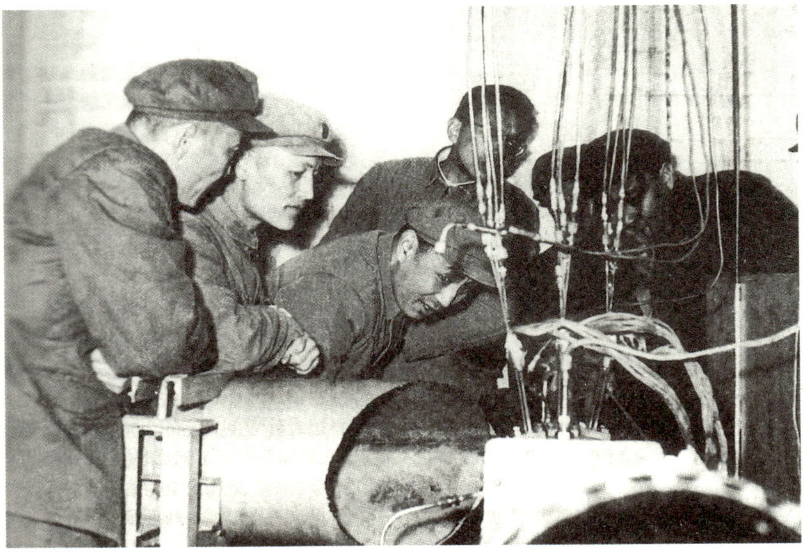

刘苏（左一）1966 年陪同领导在现场参观

作。短短的几年内取得了巨大的成绩：某涡扇发动机是我国第一台自行设计研究的涡轮风扇发动机，经过近 10 年的研制，并装在飞机上进行了多次起飞前的地面试滑，达到了起飞速度。某涡喷甲（乙）发动机是一台高空高速高性能涡轮喷气发动机，经过几年的研制，发动机达到设计性能。其中，甲型装在我国自行设计的歼×飞机上试飞成功；乙型装歼×飞机开始小批生产。刘苏组织和领导研究所科技人员搞全行业大协作，攻克了设计、材料、工艺、试验许多重大关键，终于在不到两年的时间里研制成功，为整个型号研制奠定了基础，在当时具有世界先进水平。

刘苏在领导研究所的科研工作中，一是在型号的安排上具有战略眼光，能分清轻重缓急，有的型号是为了练兵，锻炼和培养技术队伍；有的是急部队所需，是攻城夺隘的紧急任务；有的是赶超世界水平的战略任务。因此，在人力物力的组织上予以不同的安排。当时 3 个型号在一起开展，不但没有相互影响，而且取得了互相促进的作用。二是十分注意发挥科研干部的作用，他非常重视发挥技术副所长和总师的作用，给予实权，予以重任。他常说："我是条件所长，出发动机就靠老吴（大观）、老虞（光裕）了"。三是认真贯彻"科研十四条"，从政治、生活等方面关心和爱护科技人员。想尽各种办法为他们成长创造条件。他强调业务学习，并带头学英语。20 世纪 60 年代初是我国困难时期，为了让职工有一个安定的工作和生活环境，他组织机关办了食堂、幼儿园、托儿所、浴池、服务社、粮店等。刘苏经常到科研室、车间了解情况，处理问题，了解职工有什么困难，并经常个人拿钱支援经济困难的职工，得到他帮助的人可以说是不计其数。

1974 年 1 月，刘苏调三机部风洞指挥部任副主任。该单位是我国唯一的研究火箭卫星空气动力学的单位。刘苏直接或参与领导该基地的科研工作，组织完成了数万次试验，保证了有关军事科学和通信卫星等重大项目的研制，为发展国防尖端科技事业做出了重要贡献。

1980 年 9 月，刘苏主动离休。离休后他利用闲暇时间进行基础知识学习，受北京大学师生邀请，多次登上大学讲台教授中国近代革命史。1981 年 6 月，完成了自传的编写工作。1982 年春，刘苏担任晋察冀人民抗日斗争史编委雁北分会副主任，写出了 10 多篇战争回忆录，文字达 10 万字之多。1983 年，经刘澜涛推荐，刘苏担任了全国政协革命史编委会委员。在 3 年的时间里，刘苏共整理搜集了各类史料 300 多万字，审理了 10 辑应县县志资料汇编，3 辑雁北抗日战争和解放战争参考文献资料。其中不少党史军史文章由刘苏亲自动笔撰写。

刘苏于 1980 年 9 月离休，1992 年 1 月去世。

钟天丰

钟天丰（1922. 9—1987. 12），陕西安塞人，北京教学仪器厂（现北京长城航空测控技术研究所，简称中航工业北控所）首任党委书记。1936 年 9 月参加革命，1942 年加入中国共产党，历任陕西省安塞区文化委员、青年主任，延安陕甘宁边区青救会文工团团员，延安县乌洋区牡丹区青年主任、抗联主任，延安县合作社会计，延安中央党校五部学习，陕甘宁边区保小会计，延安陕甘宁边区政府教育厅科员，西北军政委员会教育部经费科长，西北行政委员会教育局办公室副主任，中央教育部计划司科长，武汉教学仪器厂党总支书记兼厂长。1962 年 3 月任北京教学仪器厂党委书记。1983 年 7 月离休，1987 年 12 月去世。

1962 年钟天丰由武汉教学仪器厂调入北京教学仪器厂工作，并组成了工厂新的领导班子，钟天丰任党委书记。

当时国家处于三年自然灾害时期，上级下达了一系列精简、压缩的指示。教育经费大幅度削减，用于配备教学仪器的经费支出也陡然下降，1961 年下达的产品产量控制指标仅仅有 100 万元。把教学仪器的生产产量压到了历史最低水平。钟天丰面临的形势非常严峻，企业面临着严重亏损的局面。

为了扭转企业亏损，渡过暂时的困难，厂党委在钟天丰的带领下，果断采取精简节约、紧缩经费开支的措施。重新安排生产计划，依据部拨经费的可能来确定产品的产量，力争企业的收支平衡。同时，把加强企业管理、提高产品质量放到首位，在生产管理上决定把全部产品重新设计或者经过严格审核图样后再进行投产，以此来减少浪费；全厂开展按计划、按图样、按工艺的“三按”规定进行生产，加强产品质量检验，产品质量有明显提高。北京教学仪器厂经过整顿后生产的三用光谱仪、三相电机模型和低压电源等产品，受到了广大用户的好评，这些产品还参加了全国新产品展览，受到了很大的关注。

与此同时，钟天丰根据厂里的实际情况，组织有关部门进行了清仓核资工作。查清了“大跃进”中造成的积压、浪费。通过清仓核资，摸清了厂里的家底。

1962年，北京教学仪器厂面临着又一严峻考验，根据上级要求，北京教学仪器厂要大规模精减人员，由在册人数1951人精简掉1321人，加上技工学校学生毕业后另行安置工作在内，总计精减约2000人。党委书记钟天丰带领厂领导班子深入基层调查研究，深入群众，促膝谈心，及时了解广大职工的思想动态，经常加班到深夜，有时带病坚持工作。通过大家的努力，全厂职工从全局出发，积极响应厂党委提出的“走的欢心，留的安心”的号召，含着眼泪离开了工作岗位，有的安置在本市、有的返乡务农，被精简的百名家属工不计较得失，放弃了工作，回家搞家务劳动。

1964年教育部依据各厂产品结构的调整，决定撤销教学仪器厂的一个学科产品——光学仪器，将原光学车间的人员、设备、材料全部调往南京教学仪器厂。同年成立教学仪器研究室，地址设在厂内，6月17日开始工作，使教学仪器生产迈上一个新台阶。

在党委书记钟天丰的带领下，教学仪器厂贯彻中央提出的八字方针，经过精兵简政、扭转亏损，全厂职工经受了锻炼，提高了干部和工人的素质，在生产、技术管理上，建立起一整套的管理制度，加强了企业管理的基本建设，产品质量有了显著的提高，北京教学仪器厂的生产走出了低谷，逐年有所提高。生产品种范围，由原生产初、高中用的教学仪器发展到生产一些大专院校和研究单位需要的比较精密的仪器。主要产品有：研究所的光干仪；高等院校实验仪器三用光谱仪等；中等学校的光、电及力学教学仪器；自制设备、台车、台钻、电机等。此外还接受了北京市分配的军工任务，生产37高炮瞄准具的部件、零件、组装。

1965年试制新产品6种，改革老产品8种，样品鉴定5种，生产产量共127568台（套），

钟天丰工作照

商品产值510.87万元，实现销售收入499.42万元。1965年可以说是北京教学仪器厂的黄金年，厂区建设已完整配套，生产持续稳定增长，经济情况明显好转，历年拖欠的银行贷款也已还清，年利润总额实现37.7万元。北京教学仪器厂后改名为长城机械厂，归航空研究院领导，1984年改名为航空工业部测控技术研究所。

钟天丰始终以一名党员的高标准来严格要求自己，以事业为重，全力推动单位的改革，在他的领导下北京教学仪器厂在建设和发展上都取得了显著成绩。

钟天丰于1983年7月离休，1987年12月去世。

王得文

王得文（1921.10—1995.7），山西榆社人，江淮仪表厂（2009年12月与皖安机械厂合并为合肥江航飞机装备有限公司，简称中航工业江航）党委书记。1938年入伍，1940年加入中国共产党。1939年2月任山西省保安二支队宣传班长、保安团工作员，山西省决死队57团文化干事；1942年3月任山西垣曲县工作队长、游击队指导员；1945年10月后，历任山西省决死队11旅33教导大队政治指导员、河南豫西二分区基干团政治指导员、第四兵团警卫团组织股长；1950年后，历任炮兵第四师第七团组织股长、政治处副主任、政治部组织科长，高级炮校学员兼教学组长，炮兵基地组织科长，锦州炮校组织科长，高炮63师政治部副主任。1962年4月任江淮仪表厂党委书记；1968年5月后，历任厂革委会副主任、党委副书记、党委书记。王得文在1940年和1941年荣获二等功各一次；1942年和1950年荣获工作模范奖各一次；在淮海战役中获三等功一次；在洪洞战役中获三等功一次。1981年12月离休，1995年7月去世。

1962年2月，为克服空军航空供氧配套装备短缺的问题，第三机械工业部批准建立江淮仪表厂。1962年4月王得文受命调到该厂任党委书记。

江淮仪表厂在建厂初期，采取“边基建、边试制、边生产”的方针，促进工厂建设快、试制投产快、增加收入快。1962年是建厂不平凡的一年，当时处于三年自然灾害的后期，生活条件较为困难，人员来自四面八方，思想尚未安定，以王得文为核心的厂领导班子做出决定，尽快试制和生产军品，满足空、海军和主机厂的配套需要。在这样的条件下，全厂职工发扬了艰苦奋斗、勤俭建厂的精神，基建、生产、试制齐头并进一起抓，实现了当年建厂、当年出产品。同年12月30日隆重召开祝捷大会，安徽省人民政府、合肥市委、省军区等有关领导参加了会议，三机部发来了贺电。

1962年是建厂的第一年，也是王得文来到航空战线的第一年，诸方面工作有了良好的开端。此后，江淮仪表厂在3年的时间里，仿制定型6种产品，为空、海军和主机厂提供了急需的供氧装备和修理用的零备件，在经济上，实现扭亏为盈，充分发挥了投资效果。在管理上，建立健全了有关规章制度。在产品技术上，培养和锻炼了航

王得文生活照

空供氧装备专业技术队伍，为今后工厂的发展奠定了坚实的基础。

王得文任江淮仪表厂党委书记的时候，正值改校建厂初期，部分师生和职工需要进行调整，统一安排去向，在部分教职员工和学生中出现：愿留城市，不愿下放农村；愿调回原籍，不愿到边远地区；愿留航空工厂，不愿到地方；愿继续深造，不愿失去学习机会等思想和顾虑。王得文努力贯彻党的“调整、巩固、充实、提高”八字方针，带头在职工和学生中加强有关党的方针政策的宣传，使职工认清局部利益与整体利益的关系，体谅国家的暂时困难，正确对待个人前途和服从国家分配的关系。通过宣传教育，广大教职员工和学生的政治觉悟普遍提高，增强了团结，服从组织统一分配，促进了改校建厂工作顺利进行。

1962—1965 年，王得文任党委书记期间，党组织建设也有了较大发展。在党委重视下，加强基层党支部建设，在基本建设、产品试制、生产工作中重视培养和发展先进分子入党，到 1964 年，共产党员由 176 名发展到 213 名，基层党支部由 9 个增加至 15 个。

工厂新建时期，基本建设全面铺开，产品试制一个接一个投入生产，时间紧，工作量大，机关科室干部近 50% 时间投入基建战线搬砖挖土参加劳动，广大科技人员与工人战斗在一起，为完成生产、基建任务起到了一定的促进作用。1966 年，根据中央对干部参加集体生产劳动的规定，工厂党委牵头建立了“三定一顶”的劳动制度，即：

定时间、定岗位、定职责，顶替班组定员进行生产。厂级干部和科室干部固定到车间、班组，进行蹲点、跟班劳动。并建立了考核制度，由工厂党委组织部对干部的劳动生产时间、掌握技术的熟练程度、顶替岗位工人生产的情况，定期进行统计、评议、年终公布。“文化大革命”开始后，此制度废止。1975 年，王得文组织重新制定干部参加劳动制度，由党委统一安排厂级干部参加生产劳动。干部在参加劳动中注意搞好调查研究，协助班组做好思想政治工作，执行效果较好。

1980 年，经省国防工办党委批准成立纪律检查委员会，王得文兼任纪委书记。他认真组织对“文化大革命”中的冤假错案、违纪案件的查处工作，落实了党的政策，为职工队伍的稳定起到了积极作用。

王得文于 1981 年 12 月离休，1995 年 7 月去世。

徐一彬

徐一彬（1923.1—2011.8），安徽天长人，国营清江仪表厂（现成都凯天电子股份有限公司，简称中航工业凯天）首任厂长。1940年7月参加新四军地方武装，1941年3月加入中国共产党。在抗日战争时期，历任县独立营战士、县独立团青年干事、淮南独立旅三团政治处保卫干事等。在解放战争时期，曾任保卫干事，连指导员，保卫股副股长、股长，军法处副处长。新中国成立后，历任军委民航局天津办事处保卫科科长，太原太行仪表厂（现中航工业太航）保卫科科长，国营峨嵋机械厂（现中航工业成飞）保卫科科长、代理党委副书记，1960年10月调任成都航空工业学校党委副书记、校长。1962年2月原成都航空工业学校改为国营清江仪表厂。同年4月，第三机械工业部又决定把原隶属于成都飞机制造厂的成都航空工业技术工人学校，连人带设备整建制并入国营清江仪表厂，徐一彬任厂长，1963年5月任党委书记，1978年8月调任成都航校（现为航空职业技术学院）党委书记。1983年9月离休，2011年8月去世。

1962年2月，第三机械工业部决定把原成都航空工业学校改为生产航空机械仪表的国营清江仪表厂，徐一彬任厂长。同年4月，又将隶属于成都飞机制造厂的成都航空工业技术工人学校，连人带设备整建制并入国营清江仪表厂。

两校合并改厂时，国家还处在经济困难时期，没有足够资金支持校改厂。工厂只有两校教学设备，实习用的设备，宿舍、教学楼。除从老厂调入的少数领导干部和技术骨干外，职工全是两校教职工和学生。既没有正规生产厂房和生产设备，也没有从事过仪表生产的技术人员、技术工人，更没有办厂的经历和经验。担任首任厂长的徐一彬，在党委统一领导下，提出并带头执行“远近结合、土洋结合、必须与可能结合”的工作方针，发挥“自力更生、艰苦创业”精神，本着节约开支，少花钱多办事、办好事的原则，开展企业自救。带领员工自己动手搬运、安装、调试设备，自制急需非标设备，组建零件加工，设备修理，工装制造，热表处理等临时生产线，自己动手平整地坪，油漆门窗，粉刷墙院，铺设管线，把学生食堂和澡堂改造成下料工段和生产库房，把教学大楼改建成仪表装配和试制车间，自己动手改造部分学生宿舍，为职工家属提供必要的住宿条件；组织生产钢模、汽车后底轴、马达齿轮、气象膜盒等民用产品，弥补国家投入资金的不足。多渠道培训各种类型的职工，提高职工技术业务水平；通过多种途径，派业务人员到相关工厂对口学习管理知识和管理制度，建立健全确保工厂正常运行的规章制度。

1964 年 9 月，工厂基本建设提上议事日程。为了保证基建、生产协调运行，已经改任厂党委书记的徐一彬，带领党委一班人，统一制定“边基建、边生产、边试制新品”的工作思想，集中优势兵力打歼灭战，仅用 9 个月时间就按设计任务书全部建成投产，包括机械加工、工具制造、热表处理、敏感元件等车间以及锅炉房、空调冷冻站、压缩空气站、加压泵站、深水泵站、污水处理站、化工库等。

徐一彬带领领导班子充分挖掘生产潜力，加速新产品试制和老产品生产，截至 1966 年底，累计定型生产军品 47 项，交付仪表近 2 万只，生产能力达到设计要求，品种技术的复杂程度超过原设计要求。产品设计由初期的复制、仿制进入自行设计阶段。这标志着工厂走过了艰辛创业的阶段，进入了组织正式生产的新阶段。

“文化大革命”中徐一彬受到冲击。1969 年，徐一彬恢复了党委书记职务后，继续带领党委一班人和工厂干部职工，千方百计挽回“文化大革命”造成的损失。组织制定并实施“以产品为龙头，技术改造为主线，开发升级换代产品”的工厂发展思路，不断拓宽产品开发领域，不断提高产品技术档次。1970 年开始研制垂直速度传感器，工厂产品从此由机械仪表进入电子仪表领域；1973 年为上海某工程配套研制了压力比

徐一彬工作照

传感器，工厂产品由单一机械仪表进入小功率随动系统领域；1977年开始试制为某型飞机配套的大气数据中心仪，成为航空工业部定点生产大气数据中心仪的工厂，从此结束了工厂只生产小产品的历史，揭开了后来引进英国大气数据计算机，自行设计生产各型大气数据计算机的序幕。

徐一彬带领党委一班人坚持军品、民品一起抓，结合工厂生产工艺特点，发挥制造非标设备优势，先后开发出电子束焊机、微束等离子焊机、液压升降器、天然气流量表、无泵压力机等10多种民用产品；1976年成功研制并生产出钯膜盒超纯氢净化器，纯度达99.99999%，1978年和1979年获全国科学大会金奖和国家银质奖。为研制氢气净化器而研究的“平面止动双隔片分气道膜盒式氢气扩散净化单元”获国家优秀新产品奖，为研制对焊机而研究的“光学投影显示方法在金属O型密封圈对焊机上的应用”获国家发明奖。截至1978年底，开发的民品产值已占工厂总产值的23%，不仅解决了生产上的需要，还大大提高了工厂知名度，为工厂经济发展做出了贡献。

1978年7月，徐一彬调成都航校（现航空职业技术学院）任党委书记，1983年9月离休。2011年6月被中共成都市委组织部、中共成都市委老干部局评为优秀离退休干部党员。2011年8月去世。

朱 辉

朱辉（1913.5—2001.10），河北新城人，航空兵器设计研究所（2001年与南峰机械厂合并组成中国空空导弹研究院，简称中航工业导弹院）首任所长。1936年12月清华大学肄业，参加了“一二·九”学生运动；1938年3月在北平市参加“民族解放先锋队”；1939年6月加入中国共产党。1939—1943年，任八路军挺进军司令部二科参谋、政治干事、宣教科科长；1944—1946年，任冀察军区十一分区政治部宣传科长，察哈尔军区政治部教育科长；1947—1949年，任晋察冀野战军二纵队随营学校政治处副主任，华北军大步校政治部宣传科副科长、科长；1950—1951年，任西南军大川西步校七大队政委、西南军区空军工程部政委；1952—1954年，任空军第四预校二大队政委，校政治部副主任、主任；1955—1961年，任军委空军工程部修理局计划处长，空军第12修理厂厂长等职。1957年8月，入北京航空学院特别班飞机专业学习。1962年7月—1967年12月，任航空兵器设计研究所所长。1973年10月任第三机械工业部第601研究所（现中航工业沈阳所）革命委员会副主任、所长。1982年离休，2001年10月去世。

1962年7月，航空研究院航空兵器设计研究所奉中国人民解放军总参谋部之命，接收原第六坦克学校在洛阳的营区及营具，计土地630余亩、营房55000余米^{2}等。营房几乎全是北洋军阀吴佩孚于20世纪20年代初建成的尖顶平房，陈旧而简陋。1962年8月6日，全所人员及物资乘一列军用列车从西安启程，抵达洛阳，举所东迁的任务圆满结束。1962年7月29日，朱辉被任命为航空兵器设计研究所所长，也是8月6日到任。朱辉到任后，带领全所人员于8月13日在洛阳正式上班。从此，在邙山脚下，洛河之滨，在陈旧而简陋的兵营里，朱辉领导航空兵器设计研究所的创业者们边学习、边建设、边研究，揭开了拼搏、奋进的新篇章。

航空兵器设计研究所从“一无专家、二无资料、三无设备”起步。为了解决无专家问题，朱辉根据1963年总参谋部、国防科委和空军等单位召开的航空技术座谈会的建议，负责组织了航空武器专业组，下设固体火箭发动机、航空射击武器、引信战斗部、轰炸瞄准、航空射击瞄准、导弹总体、导弹控制系统、红外技术、光敏元件和飞行试验等10个分组。1964年各分组都组织起来并进行首次学术活动，全国高校、研究所、工厂和使用单位计105个单位，263人参加会议，提出协作建议140项，交流论文45篇。各分组将国内从事航空武器的科研、生产、使用单位和院校等组织起来，互相了解、参观，通过分组工作细则，形成协作网，提出了解决当时仿制任务中遇到的关键技术的建议。正是依靠和组织全国各方面的力量，发挥各方面的优势，才为当时的仿制摸透起了积极作用，也为后来的自行研制、协同作战创造了良好的协作基础。

朱辉生活照

为了解决无资料问题，朱辉领导技术人员从引进的苏制K－13导弹着手，开始翻译、消化随产品引进的有限资料，并对产品进行测绘分析，整理出技术资料190余份，对摸透设计思想、了解设计原理起了很好的作用，也为后来的自行设计奠定了理论基础。为了解决无设备问题，初创时期建立了14个简易实验室，购置通用仪器设备近1000台，研制了非标设备近400台，基本能满足当时导弹生产检验的需要，随着霹雳3，霹雳5甲、乙，霹雳4甲、乙等型号相继上马，要求试验逐渐由生产检验性转向为自行研制服务，朱辉又领导科研人员摸索了许多新的试验方法，设计了不少新的试验设备。

朱辉深知作为一个研究所，发挥科技人员的积极性极其重要，尽管当时国家经济困难，但他仍然想方设法，尽量给科研人员创造一个基本的工作、生活环境。广大科技人员也深有感受，对朱辉十分敬佩。特别是朱辉常说的“是金子总会发光的”、“雪地里埋不住珍珠”鼓励科技人员的话，在职工中产生深刻影响，对发挥广大科技工作者的积极性起了很大作用。

朱辉作风严谨，工作细致，严格要求，无论是科研计划、机构设置、规章制度建立，还是实验室的建设，他都要仔细审核。正因为这样，有关人员要给朱辉汇报工作时，都会精心准备。也正是朱辉的表率作用，对研究所的作风建设发挥了重要作用。

在朱辉的领导下，到1967年底航空兵器设计研究所人员从成立时的200多人增加到1900多人，研究室从4个发展到11个，逐步筹建起有400多人的试制工厂和14个简易实验室。固定资产原值由成立时的7万元增加到近1400万元。参加了霹雳1、霹雳2空空导弹的仿制，进行了霹雳2A空空导弹的改进，组织了美制F－4B飞机火控系统和“麻雀”ⅢA 空空导弹及“响尾蛇”1C 空空导弹残骸的测绘分析，开始了霹雳 3、霹雳 4、霹雳 5 等重要空空导弹型号的设计研制，开展了机载火控系统、航空火炮、机载雷达等的仿制和自行研制工作。通过仿制和自行研制，学习摸索出了一套科研、试验、试制和外协等方面的管理办法，并制定了相应的管理制度。

1973 年 10 月朱辉调往沈阳，任 601 所革命委员会副主任、所长。1982 年离休，2001 年 10 月去世。

王鸿廷

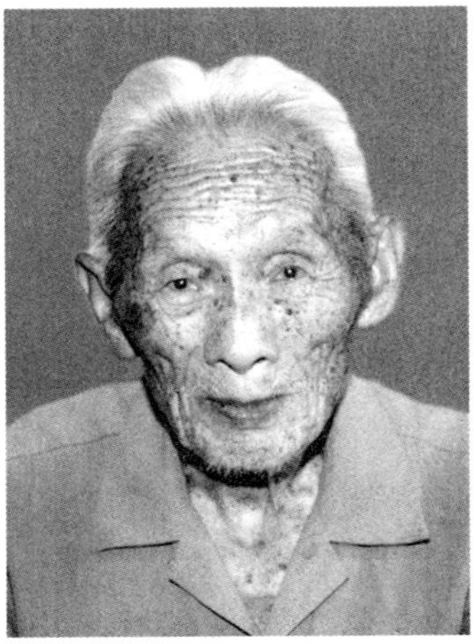

王鸿廷（1922.7— ），山东东阿人，国营贵阳电机厂（现贵阳航空电机有限公司，简称中航工业贵阳电机）首任厂长。1942 年 2 月参加革命工作，曾任村自卫队队长、公安员，县公安局服务队队员、内勤干事，区委委员，人民解放军二野 11 纵队保卫干事、组织干事，参加过淮海、渡江战役，后又在二野 17 军后勤部任特派员，贵州省军区军法处任军法干事。1948 年参加济南战役。1950 年任 17 军后勤部剿匪工作队政委。1952 年转业，先后在贵州省交通机械总厂任保卫科科长，贵州汽车制造厂任党委副书记，贵州省交通厅干部处处长。1962 年 10 月起相继任国营贵阳电机厂厂长、011 基地供应站站长、电机电力情报站党委书记兼站长、011 基地第一指挥部副指挥长、3019 总站顾问。1983 年 6 月离休。

1958 年 4 月，中共贵阳市委为适应经济建设发展的需要，大办地方工业，决定由地方财政拨款 300 万元，筹建贵阳电机厂，设立了电机、变压器、铸造、铆焊、工具等 5 个车间。1961 年为解决由于三年自然灾害和国民经济比例失调造成的困难，工厂贯彻执行了“调整、巩固、充实、提高”八字方针，精简下放了一部分人员，调整了生产结构。同年 10 月，贵阳电机厂与贵阳机床厂、贵阳电线厂三厂合并为国营贵阳电机厂，由王鸿廷任厂长，工厂改属贵州省机械工业厅领导。

1962 年经国家计委和国家经委批准，将国营贵阳电机厂划归第三机械工业部航空工业局领导，1962 年 10 月 1 日起工厂正式移交，任命王鸿廷为厂长。贵阳电机厂是航空二次电源变电装置专业化生产厂，是航空企业在贵州地区建设最早的一个企业，工厂从地方民品生产转到航空军品生产，技术条件欠缺，厂房简陋，满足不了航空工业生产发展的需要，面对这些困难，王鸿廷向三机部汇报要求工厂改建扩建，后三机部决定在贵阳航空变电装置厂原有基础上进行扩建，参加扩建设计与施工的有三机部第四设计院和建工部四局等 10 个单位。王鸿廷为了做好工厂的改、扩建工程，多次召开论证会研讨方案，亲自到部里进行汇报，取得上级机关领导的认可。由于工厂与承建单位共同努力，密切配合，改建扩建工程于 1965 年 11 月基本完成，完成建筑工程 38

项（其中厂区20项、厂外2项、福利区16项），年底交付使用。

在上级领导的高度重视和兄弟厂的大力支援下，全厂职工热情高涨，一边改建扩建生产，一边通过形势教育，把思想政治工作落到实处。那时没有奖金、没有加班费，仅凭精神上的鼓励，激发了全厂职工和参建单位职工的热情，吃苦耐劳，不畏艰难，发挥了实干、苦干和巧干的革命精神，使工厂改建扩建工程按期保质地完成，同时也促进了生产任务的完成。工厂扩建后，生产设备大量增加，全厂累计拥有主要生产设备272台，生产条件有了一定的改善，各个工种的技术工人基本配齐，各项规章制度相继制定，使各项工作有章可循，有条不紊。

军品生产的特点是品种多、变化大、任务急、新品多、技术难度大，特别是质量要求高。由于生产不断扩大与发展，对工厂产品的质量和数量提出了更高的要求，为了满足军品生产的需要，王鸿廷于1963年成立了工厂标准化组，制定了一系列的规章制度和技术工艺制度，统一了设计图样、文件编号方法，定出统一编号的管理制度；严格了设计图样、文件的审图、更改制度；制定了标准化审查细则等，有力地促进了各项基础工作，适应了航空产品的生产需要。

在航空产品生产过程中，产品质量一直是王鸿廷亲自抓的一项工作。当时面临着产品资料不齐全，图样管理、半成品管理混乱，质量问题较多。王鸿廷下决心进行整顿，要求从领导、技术员到工人积极开展整顿质量工作，由于王鸿廷和领导班子的重视，技术人员与工人一起，仅用半年时间，将几百个品种的几千个零件一件件按图样校对，统一编号，建账立卡，完善了保管发放制度，同时，针对出现的质量问题，

王鸿廷生活照

王鸿廷严格质量管理制度，严格按工艺操作规程生产加工产品，及时解决质量问题，以后每次整质验收都达到标准。

1964年，工厂3项地面军品投入批生产，航空产品经历了从复制到仿制，从仿制到自行设计研制，1965年3月试制成功第一台航空电源变换装置产品，1969年先后生产定型11种航空产品，以后新品研制发展较快。

贵阳电机厂建设时间较早，因此它对后来三机部在贵州地区的三线建设起到了一定的指导作用。1964年，中共中央、毛主席根据当时日益紧张的国际形势，提出了建设大三线的方针，根据这一方针，第三机械工业部决定，很多航空企业从大城市到贵州来建厂，很多单位筹建时先到贵阳电机厂落脚，王鸿廷亲自接待不少单位的人员，介绍情况，有时还安排人员协助做一些工作，为航空工业贵州地区的建设发挥了积极作用。

由于工作需要，王鸿廷于1976年初调到011基地供应站任站长。1983年6月离休。

陈御风

陈御风（1915. 5—1969. 11），福建长汀人，中国航空附件研究所（2001 年 12 月与金城集团有限公司合并为新的金城集团有限公司，简称中航工业金城）第一任所长。1928 年 8 月，在福建省长汀县参加中国工农红军，1934 年 6 月，在红军第五军加入中国共产党。曾任红军 12 军战士，红军 5 军保卫局科员，朱德总司令的警卫员，参加过第二、第三、第四、第五次反围剿战斗和举世闻名的两万五千里长征。抗日战争时期在延安抗日军政大学、延安摩托化学校和新疆航空学校学习。解放战争时期，历任东北航校机务处副队长、指导员、机务主任。抗美援朝时期任空军第三师机务主任，空军第二军工程部副部长、部长。1955 年荣获三级八一勋章、三级独立自由勋章和二级解放勋章。1958 年调广州军区，任军区空军工程部副部长、部长。1962 年 6 月调到国防部航空研究院，任航空研究院第七研究所（现中航工业气动院）所长，1963 年 3 月任中国航空附件研究所所长，1965 年 6 月任航空情报研究所（现中航工业发展中心）所长。1969 年 11 月因病去世。1980 年 1 月经总政治部批准为革命烈士。

20 世纪 60 年代初期，中国航空附件专业经过艰苦努力，已经走上了从简单的修理到独立完成仿制、复制任务的历程。1961 年上半年，苏联突然撤走专家，给初建的航空工业带来极大的困难，在这种情况下，中央军委发出“迅速建立一个科研生产、加工试制、地面试验、上天试飞的一整套航空事业体系”的指示，决定于 1961 年 6 月正式成立国防部航空研究院，下设 10 个研究所，其中之一是飞机附件及地面设备设计研究所，即航空附件研究所的前身。1963 年 3 月，陈御风调到洛阳，成为航空附件研究所第一任所长。

初创的航空附件研究所，接收了洛阳市中国人民解放军第六坦克学校的房产，暂时成为栖身之地。陈御风和他的战友们面对的是一穷二白的摊子，基建（对旧营房的改建适应科研生产的需要）、人员培训、科研成为他们面临的最棘手的三大课题。善于从事开创性工作的陈御风，提出了“边科研、边建设，由小到大，慢中求快，因陋就简，今明结合，逐步健全”的目标。

1963—1965年，在占地面积23公顷①的厂区内，陈御风组织进行了大规模的修建和扩建26项工程，完成了科研办公室、行政办公室、工艺车间、试制车间、铸造厂、锻造厂的建设以及宿舍、锅炉房等大量配套设施的建设，共计55791米^{2}的基建任务，保证了科研设计、试制按时开展工作，完成国家交给的任务。在大量基建任务中，陈御风不顾身体多病，坚持和大家一起参加繁重的体力劳动，“白天搞基建、晚上搞科研”，为初创的研究所可谓殚精竭虑。

建所初期，因为人员奇缺，开始大量接收大中专毕业生和部队转业军人。对这些新职工的培训，使他们尽快掌握设计、工艺、加工、装配、试验、装机、维护等实践知识，也是当时的重中之重。陈御风要求每届新学员必须先培训后工作。首届新学员来的时候，无厂房设备、无图样资料、无产品实物，也无生活住宿的地方，可谓一穷二白。陈御风主持制订了新学员的培训规划，从西安来的6位军工技术骨干承担了培训重任。新学员分成4部分，分别到西安、新乡、兴平的厂所进行培训，后来又利用工厂条件继续在厂进行培训。除此之外，他还利用原来的关系请三机部和空军协助进行培训，1963年11月，全所抽调了40名新学员，分两批到空军部队的飞行师实习培训2个月，学员们从中掌握了良好的基本功，非常有利于科研与生产的紧密结合。

到1964年末，研究所已经从筹建时期的几个人猛增到695人，其中工程技术人员434人，技术工人87人，行政人员135人，士兵39人。这支具有较强航空事业心和独立工作能力的航空附件科研技术队伍已经初具规模。

一面抓基建，一面抓科研。陈御风要求条件再艰苦，科研工作也不能停。他抓住科研课题研究，组织、鼓励技术人员承担科研课题。在陈御风的领导下，完成了对米格-21飞机的技术摸透工作，参加了RF-101、U-2敌机残骸的分析工作，拿出了科研成果。在摸透米格-21飞机的基础上，拿出了分析报告，并组织进行了试制，取得了成功。

陈御风非常重视试验设备的设计和建造工作，通过购买、仿制、自制等多种方式建造了一批适应科研生产的，初具规模的各种试验台和试验附属设备。到1965年1月，已经建立起试验设备59台，加工设备13台，测试设备225台，机电设备113台。

到1965年1月，研究所完成了航空研究院下达的科研任务22项，新型号任务5项，大型试验设备研制3项，试验研究课题5项，出版了科技情报17期，编写了飞机型号资料2000余份，编制了《技术文件管理制度》《图样管理制度》等22项技术管理

---

① 1公顷$=1\times10^4$米^2。

1964 年所党委委员合影（左一为陈御风）

制度。建立了泵研究室、液压研究室、机轮刹车冷气研究室、高空研究室、设备研究室、情报资料室等 7 个综合专业研究室，1 个试制车间。

在陈御风和他的同事们的努力下，在干部职工的无私奉献下，经过两年多的建设，初步建立了飞机附件研究所的各专业，以及专业研究领域，奠定了专业发展的整体框架。这些专业的建设和储备的人才，为后来航空附件研究所的发展打下了十分坚实的基础。

1965 年 6 月，陈御风调任航空情报研究所任所长，“文化大革命”期间受到林彪、江青反革命集团的迫害，1969 年 11 月因病去世，享年 54 岁。

魏振亚

魏振亚（1916.12—1996.11），江苏邳县人，江淮仪表厂（2009年12月与皖安机械厂合并为合肥江航飞机装备有限公司，简称中航工业江航）厂长。1939年参加抗日青年救国团，同年9月加入中国共产党，任邳睢县望山乡党支部书记，1942年任邳睢县九区分区委组织委员，军分区武装工作队干事，1943年任邳睢县占城区分区组织部长，在邳睢地区坚持边区发动群众被地委评为模范工作者。1945年任邳睢县八集区分区书记、武装工作大队政治委员、三区工委书记、县委副书记、县长。1951年进入航空工业，先后担任国营第112厂（现中航工业沈飞）行政科科长、副厂长；119厂党委书记；1963年3月任江淮仪表厂厂长；1970年任国营第105厂（现中航工业津电）革委会副主任；1978年任国营惠阳机械厂（现中航工业惠阳）党委书记。1988年荣获航空工业部颁发的“献身航空工业三十年”荣誉证书。1992年3月离休，1996年11月去世。

1963年3月魏振亚被任命为江淮仪表厂厂长。江淮仪表厂建厂初期，正处于三年自然灾害的后期，生活条件较为困难，人员来自四面八方，思想尚未安定。魏振亚大刀阔斧地搞精简下放，管理、技术人员深入基层一线。由于是航校改建工厂，能作为生产基地的只有两幢教学楼和两座师生食堂，其他大部分是利用航校临时实习工厂，生产条件十分简陋，与军工生产条件要求远远不相适应，若等待基建上马新厂房建成投产，要拖延两三年时间，是等还是因陋就简搞生产，答案无疑是不能等待。在这样条件下，魏振亚组织干部群众采取“边基建、边试制、边生产”的方针，加快试制和生产军品，满足空、海军和主机厂的配套需要，全厂干部职工发扬了“艰苦奋斗、勤俭建厂”的精神，利用原合肥航校实习工厂的临时厂房安排生产民品，同时组织力量进行军品试制投产。

1963年9月，YSL-1氧气示流器仿制试生产定型，随后生产和交付批量产品。1964年魏振亚带领领导班子仍围绕“三边”方针，发动广大职工大搞基建抓生产。基本建设进入高潮，军品试制投入重点，各项工作走上正轨。工厂于1965年8月全部建成投产，仅用2年零2个月的时间，9月17日，第三机械工业部副部长吴融锋代表三机部对工厂进行验收，经全面鉴定，全部工程符合国家批准设计任务书的要求，工程质量全部合格，同意验收。工厂建设速度之快，质量之好，设计标准较高，生产生活、工作环境安排紧凑、合理，被称为“江淮一枝花”，基本满足供氧装备生产需要。

随着歼击机配套的产品全面投入，魏振亚组织在确保配套进度前3年定型的6个产品基础上，1965年初又定型YK－3高压开关。根据三机部的部署，宝成仪表厂（现中航工业宝成）供氧装备的生产线撤销，批生产品种全部转入江淮仪表厂包干完成，魏振亚带领干部职工经过艰苦努力，满足了空、海军和主机厂配套需要。

江淮仪表厂建厂3年来，在魏振亚的带领下，为空、海军和主机厂提供了急需的供氧装备和修理用的零备件，在经济上实现扭亏为盈，充分发挥了投资效果。在管理上建立和健全了有关规章制度，初步加强了基础性工作，整顿了原始记录，修订了技术定额，为加强企业管理打下了一定的基础。在产品技术上，完成了0～12千米低空全套供氧系统的仿制试生产，培养和锻炼了航空供氧装备专业技术队伍，为今后生产中空和高空全套供氧系统积累了经验。

在抓生产的同时，魏振亚和工厂党委紧密沟通，建立健全了组织机构，加强职工政治思想工作，开展了社会主义教育运动，职工精神面貌大有改观，调动了各类人员的积极性，好人好事层出不穷。为工厂组织新的生产高潮奠定了一定的物质和思想、

魏振亚生活照

技术基础，给工厂创造了大好形势。在“四清”工作队党委指导下，魏振亚主持召开了备战生产动员大会，阐明了形势、明确了工作步骤和措施计划，发动群众，把备战计划落实到小组和个人，以三结合的方式逐项突破试制成功当时苏式供氧装备中难度最大的YTQ－1氧气调节器，为结束仿制、开始自行设计制造打下了基础。

1970年7月，魏振亚调离江淮仪表厂，先后任国营第105厂革委会副主任、国营惠阳机械厂党委书记。1992年3月离休，1996年11月去世。

赵巨明

赵巨明（1919.4— ），河北宁晋人，航空兵器设计研究所（2001年与南峰机械厂合并组成中国空空导弹研究院，简称中航工业导弹院）首任政委、党委书记。1938年8月参加革命，在河北省抗战学院一大队任助理员。1940年10月任冀中游击总队政治部组织部长。1946年2月，任东北总直属队政治处主任，1946年8月任黑龙江军区兆安医院政委，1949年1月任第四野战军后勤政治部组织部部长，1953年8月任第四炮兵学院政治部主任，1956年5月任西安炮校政委。1960年3月任南京炮兵文化学院政委。1963年4月任航空兵器设计研究所政委、党委书记。1973年12月任风洞建设指挥部政委。1983年10月离休。

1963年4月赵巨明调任航空兵器设计研究所政委时，研究所处于创业时期，条件极为艰苦。赵巨明教育大家，要树立为国家争光、为党争气的决心，开创我们自己的科研道路，并亲自对全所人员进行国际国内形势教育，激发职工自力更生、艰苦奋斗、战胜困难的信心。为了稳定干部职工队伍，赵巨明要求大家“生在四方，干在洛阳，死在洛阳，葬在北邙”，首先要求领导干部带头，不怕艰苦困难，在洛阳安家落户，为搞好科研工作打下基础。

1963年研究所召开党代会，赵巨明当选党委书记。他在党委工作报告中明确提出“以科研为中心”，为了落实以科研为中心，他要求重点做好科研工作中的思想政治工作。工作要做到一线，做到现场；保障工作要为科研工作服务；机关要深入基层，深入一线。为了使一线有一个安静的科研环境，他要求机关上午不准给基层打电话。在经费使用上要先科研生产，后生活。尽管大家都住在吴佩孚时期的破旧兵营里，干部职工从不叫苦，而把仅有的钱用来建造科研试验大楼。正是由于坚持了以科研为中心的指导思想，形成了全所一盘棋，创造了齐心协力干事、创业的良好局面。

建所不久，中央下发了《关于自然科学机构当前工作的14条意见（草案)》，为研究所加强思想政治工作指明了方向。赵巨明组织所党委认真学习，并及时提出了3

个明确：明确研究所思想政治工作的主要任务是引导知识分子走又红又专的道路；明确党支部思想政治工作的任务是做好思想政治工作，保持党的方针政策的正确贯彻，保证科研任务的顺利进行；明确研究所要以科研工作为中心，为科研工作服务，思想政治工作要渗透到科研技术工作之中。提出在科研人员中培养“三敢、三严”（敢想、敢说、敢做，严格的要求、严肃的态度、严密的方法）作风。从而形成了政工干部深入科研工作第一线，和科研人员交朋友，同吃同住同劳动，探索科研工作中思想政治工作规律的大好局面。赵巨明在做好思想政治工作的同时，对遗留的一些思想疙瘩予以甄别、澄清。研究所刚刚组建，人员来自四面八方，难免有些同志会带来一些思想疙瘩，经深入了解，有9名同志在历次政治运动中受到过错误的处分，还有20名同志在原单位受到过批评。对这些问题赵巨明组织有关人员进行了甄别、澄清，使这些同志解开了思想疙瘩，放下了包袱，轻装上阵，也进一步调动了广大知识分子的积极性。

赵巨明积极组织开展社会主义教育，坚定了广大职工走社会主义道路的信念，同时组织开展向先进学习，激发职工的劳动热情。毛主席“向雷锋同志学习”发表后，赵巨明组织全所党员、干部掀起向雷锋同志学习的热潮。人人争做好事，人人争当雷锋式的好战士。工厂还相继开展了“学好八连”、学大庆、学王杰、学焦裕禄等活动，形成了到处都在向先进单位学习，向英雄模范学习，比学赶帮的新风尚，呈现出朝气蓬勃的新局面。

1965年春，中央决定4个研究所集体转业，航空兵器设计研究所也在其中。这意味着有865名军官、42名战士脱掉军装，转入地方工作。他们以后的经济收入、待遇、升迁、夫妻团聚、老兵安置等都会带来影响，这项工作难度大、涉及面广。赵巨明亲自主持制订思想政治工作方案，要求各党支部在做思想政治工作时，要讲清道理，教育大家以大局为重。通过耐心细致的思想政治工作，提高了大家的认识，使全所人员愉快地服从革命需要，自觉服从组织安排。

通过这些开创性的工作，调动了广大干部职工的积极性，最突出的表现是广大科技人员学习科学技术的热情空前提高，人人争取时间，见缝插针，抓紧学习。夜晚，简陋的办公室灯火通明，人人潜心苦学；清晨、傍晚，甚至连排队买饭，还有人在背英语单词。当时的黑板报做了这样的描述“万籁人寂静，灯下犹练兵，寒光照纱窗，犹有读书声”。正是这些环境的营造，培养了一批科技精英，为以后的出成果出人才打下了基础。

“文化大革命”期间，赵巨明受到不应有的对待，吃尽了苦头，党委不能正常工作。但是由于他此前卓有成效的工作，组织了一支过硬的干部队伍，建立了一整套的规章制度，培养了一种求实、好学的作风。十年动乱中，科研工作虽然受到影响，但是队伍没有垮，基本制度没有变，求实、好学的作风在坚持，这些都为“拨乱反正”以后研究所取得快速发展打下了坚实的基础。

因工作需要，赵巨明于1973年调风洞指挥部工作。1983年10月离休。

胡光吾

胡光吾（1915.7—2005.4），江苏滨海人，汉江机械厂（2003年12月与中国航空救生研究所、宏伟机械厂重组整合成立航宇救生装备有限公司，简称中航工业航宇）首任厂长。1936年毕业于江苏涟水县石湖师范学校。1940年10月在江苏滨海县参加革命，1945年8月在滨海县条淮区加入中国共产党。其间曾任滨海县税务局总会计师，滨海县条淮区夹河乡中心小学教导主任、校长，滨海县条淮区教育区专员等职。1947年10月调入中共华中区党委华中公学任组织干事、华中大学辅导员。1949年4月随解放军渡江，任随军工作团大队教导员，渡江后任苏南土改工作团无锡团一大队队委兼江阴县青阳区区委书记。1951年4月被组织上送入中央合作干校学习，后到苏南合作总社任秘书处科长。1953年1月调入第三机械工业部南京降落伞厂（现中航工业宏光）任计划科长，1956年5月—1963年4月任工厂副厂长、总工程师、代厂长等职。1963年5月调入襄樊汉江机械厂任厂长兼党委书记。1972年11月调襄樊宏伟机械厂任厂长兼党委书记。1979年10月调国营宏光机械厂（现中航工业宏光）任顾问。1983年11月离休，2005年4月去世。

由于新中国国防工业建设需要大量优秀干部，1953年1月，胡光吾被组织派往第三机械工业部南京降落伞厂任计划科长。1956年5月—1963年4月，胡光吾先后担任副厂长、总工程师、代厂长等职。尤其在担任代厂长几年中，他狠抓企业各项管理，在苏联专家组帮助下，建立起我国第一个初具规模的降落伞厂。

20世纪60年代初，由于国际形势的变化，第三机械工业部拟在湖北京汉铁路以西建一个头盔、代偿服、降落伞、阻力伞并带风洞的航空救生总厂，并成立筹备组具体负责选厂址，由胡光吾负责。由于筹备组厂址选择上存在问题，三机部又决定头盔、代偿服和降落伞分开建厂，前者为汉江机械厂，后者为宏伟机械厂，任命胡光吾为汉江机械厂厂长兼党委书记。1963年5月，胡光吾到湖北襄樊赴任。

由于汉江机械厂是在襄樊航校基础上改建的，基础很差。当时厂址是在一块乱坟岗地，厂门口还有一条臭水沟。工厂是个无厂房、无设备、无宿舍、无自来水的“四无”厂。胡光吾带领当年的创业者们挖地基、和水泥、铺水管引水到宿舍，使职工用上自来水；盖厂房、盖宿舍、盖食堂；引进各路人才；进设备、进材料、找产品；样样从零开始。胡光吾狠抓工厂各项基础管理，他起草劳动纪律纲要；抓财务管理，抓收支平衡；在生产方面，抓逐月计划完成。为提高职工素质，专门成立厂技工学校，培训技术工人。由于头盔、代偿服是航空救生中技术难度较大的产品，因此发动职工群众献计献策，进行岗位练兵，克服了一个又一个技术难题，完成产品试制和生产任务。在生活和工作条件极端困难的情况下，硬是建设成一个初具规模，以头盔、代偿服、救生背心、调压器等航空救生产品为主的航空救生工厂，较好地配合了主机厂。

为汉江机械厂的建设，胡光吾呕心沥血，日夜操劳。1964 年胡光吾在北京参加企业领导干部会议，受到毛泽东、刘少奇、朱德、周恩来等老一辈革命家的亲切接见，这个荣誉是他办好企业的动力。

“文化大革命”期间，胡光吾历经了数年磨难。1972 年 11 月三机部党组下文，宣布恢复胡光吾工作，同时任命胡光吾为襄樊宏伟机械厂厂长兼党委书记。胡光吾在担任宏伟机械厂厂长 8 年期间，始终不忘航空人的使命，把握企业发展的命脉，十分重视产品开发，牢记科学技术是第一生产力。使得工厂的多类伞项目开发一直蓬蓬勃勃，产品任务非常饱满，完成率始终在 100%。1977 年胡光吾亲赴西北地区参加氢弹试验，宏伟机械厂设计、制造的氢弹伞表现不俗，保证了氢弹试验成功，受到党中央表扬。胡光吾和氢弹伞设计人员受到时任党中央主席华国锋同志的亲切接见。

胡光吾（前排中）与老同志合影

胡光吾艰苦朴素，廉洁自律。自1956年当企业领导干部以来，同普通职工住的是一样的房子。1979年调南京后，每次厂级干部分住房，首先考虑的是他，但胡光吾每次都谢绝，直至2005年去世还是住在1979年来南京时住的旧房。胡光吾1963年由南京调任襄樊汉江机械厂厂长，一家6口搬家时，唯一的家具就是一只木箱，此木箱从南京到襄樊，又从襄樊到南京，几十年不离身。1953年他在南京买的一块小英格手表，胡光吾戴了52年，去世前留给孩子作纪念。

1979年，胡光吾调回南京国营宏光机械厂任顾问。1983年11月离休，2005年4月去世。

李纯彦

李纯彦（1915—1980.6），山西浮山人，航空研究院第十研究所（现第一飞机设计研究院，简称中航工业一飞院）首任党委书记。1937年4月参加军官教导团，1938年加入中国共产党。历任山西决死四纵队12总队副班长、民运队员、特务连副政治指导员、政治指导员，山西晋绥边六分区政治部除奸干事、敌工干事，山西晋绥区六分区武工七大队副政委、政委，晋绥野战12旅22团政治处保卫股长兼联络股长，一野20师58团政治指导员。1949年以后，历任甘肃省独立三军20团政治指导员，一野20师58团政治处副主任，海军航空兵学校机械大队副政委，海军第二航校政治部副主任、主任，海军航空兵中心维修厂政委，东海舰队航空兵大场指挥所政治委员。1955年荣获三级独立自由勋章和三级解放勋章。1960年9月任水上飞机设计室（601室）党支部书记，1963年7月任航空研究院第十研究所（现中航工业一飞院）党委书记、核心小组组长；陕西机械厂（现中航工业西飞）党委副书记等职务。1980年6月去世。

新中国成立后，李纯彦从战斗部队到航校，又到国防科研单位，他始终保持着革命战争时期的优良传统和作风，四海为家，无论到哪里，无论工作岗位如何变化，他都尽职尽责，一片赤诚。

20世纪60年代初，我国处于暂时困难时期，在艰苦的条件下，李纯彦担起了组建大型飞机研究所的重担。1960年9月27日，水上飞机设计室（601室）在南京正式成立。李纯彦任书记并组成党总支委员会。1961年11月13日，海军发布《组建海军特种飞机研究所》的命令（第十研究所），1963年7月李纯彦任党委书记。他带领全所干部职工，白手起家，艰苦创业，从消化现有型号飞机入手，培养和提高设计能力，为自行设计创造条件。针对所面临的困难，着重对全所职工进行勤俭建所和团结奋斗的教育，号召全所职工统一思想，团结奋斗，争取胜利，明确和完成型号测绘研究和设计任务。

建所初期，由于所址长期不定，住房面积和工作面积不足，条件简陋，生活和办

1977 年国务院副总理王震视察研究所。右一为党委书记李纯彦

公都在一处。全所职工在李纯彦带领的党委班子领导下，发扬我军优良传统，清晨出操，操后饭前抓紧时间学习，工作中努力钻研，不畏艰难，型号工作取得了较大进展。在极不安定的环境下，全所职工坚持科研设计，为发展我国的航空事业顽强奋斗，改装设计了一批部队急需装备，为研究所的发展成长锻炼了一支骨干队伍。1964 年 4 月，国防科委副主任、副总参谋长张爱萍，总政治部副主任钟赤兵等领导到所视察，表扬了研究所艰苦奋斗的精神，张爱萍副总长夸赞："发扬了穷棒子精神！"

20 多年来，李纯彦兢兢业业，任劳任怨，长期带病忘我工作，为发展我国的航空事业做出了重要贡献。1980 年 6 月去世。

谢杰三

谢杰三（1921.10—1994.11），国营惠阳机械厂（现惠阳航空螺旋桨有限责任公司，简称中航工业惠阳）创建人。1960年10月由兰州万里机械厂（现中航工业万里）调入保定国营惠阳机械厂任副厂长、总工程师；1963年任代理厂长；1964—1965年任厂长兼代理党委书记；1969—1970年任副厂长；1971年调贵州安大锻造厂（现中航工业安大）。1994年11月去世。

1960年10月，中苏关系破裂，使原来依赖苏联生产的飞机螺旋桨陷入困境，首当其冲的是初教6、安-2、雅克-18等机种没有螺旋桨，无法上天，严重影响了空军训练、战备和外援任务。党中央十分重视这一情况，要求航空工业局立即组建航空螺旋桨制造厂。

谢杰三在国家最需要的时候，依照航空工业局党组安排，于1960年10月以总工程师的身份，紧急奔赴保定市，组织开展国产桨叶的生产研制。对于一个刚刚起步的航空企业，恰逢严重的自然灾害，且没有任何螺旋桨类厂房建设经验借鉴的条件下，白手起家，摸索建立一个技术密集型的螺旋桨类航空企业，难度可想而知。但谢杰三凭借着老一辈革命者艰苦创业的精神，在没有厂房、宿舍、食堂，连工作人员都是从哈尔滨、南京、南昌和株洲等地紧急抽调的情况下，一方面协调组织工厂在满城县神星镇的厂房基建工作，另一方面请示时任河北省刘子厚省长，临时租用保定市西郊保定轴承厂作为临时试制基地，借用厂房3座，办公楼1栋，由此开始了中国自主生产航空螺旋桨的道路。

1963年8月3日，正值螺旋桨厂建设关键时期，保定遭遇百年水灾，连日暴雨，降水总量达500毫米以上。此时的谢杰三作为代理厂长，迅即召开紧急会议进行部署，成立工厂防汛总指挥部，组织干部职工在临时厂房和神星工地两线抗汛抢险，保证了全厂人员的生命、财产、文件、厂房、设备和大部分器材的安全。水退后，谢杰三组织党委连续召开会议，及时研究部署善后处理工作，两天就修复了神星镇工地的水源

谢杰三工作照

和电源，5 天后抢修好被洪水冲断的公路，以高效的工作保障了螺旋桨厂建设的周期。

1964 年 11 月，经过 2 年零 2 个月的紧张施工和设备安装，一个现代化的航空企业在大山深处拔地而起。相对于硬件设施的不断完善，谢杰三在工厂软实力的提升方面也丝毫没有放松。苏联早期提供的螺旋桨技术资料缺乏结构图和试验文件；工艺规程没有胶合工艺参数、工程图和检验标准；缺乏有经验的专业人员等一系列困难，成为中国发展自主螺旋桨的瓶颈。对此，谢杰三坚决执行航空工业局分党组制定的“自力更生、土洋并举、土法上马、由简到繁、边试制、边基建”的试制方针，在具体工作中，采取了“分解矛盾、组织力量、争取各方支持、各个击破”的做法，一方面组织力量修正、补充苏联原文资料，通过试验掌握各类工艺参数；另一方面选派几十名技校毕业生，去制造工艺特点与螺旋桨制造相近的国营伟建机器厂（现中航工业哈飞）、国营黎明机械厂（现中航工业黎明）等兄弟厂学习螺纹磨、插齿、精镗、花键等特殊工艺，同时组织 180 多名工人和技术人员分别去沈阳滑翔机厂、芜湖造船厂、国营洪都机械厂（现中航工业洪都）和国营西安机械厂（现中航工业西控）学习木材加工、胶合工艺、模线样板加工和工具制造等技术。通过不懈的努力，谢杰三带领全体职工以科学严谨的态度，积极开展了生产准备工作，提前半年试制成功国家急需的螺旋桨桨叶。生产所需的设计资料、工艺装备等已能初步适应批生产要求，并培养了一定数量的技术干部和技术工人，初步掌握了生产技术，为国营惠阳机械厂以后平稳快速发展奠定了技术基础。

自 1963 年 10 月，国营惠阳机械厂第一副木质桨叶上天，在谢杰三的带领下，国营惠阳机械厂制造出了中国第一副金属桨叶，第一副玻璃钢尾桨叶，第一台水轰 5 金属螺旋桨，填补了一项项国家在航空领域的空白，有力地保障了空军部队的日常战备、训练和外援行动。

1971 年，因工作需要，谢杰三调贵州安大锻造厂工作。1994 年 11 月去世。

葛庭之

葛庭之（1909. 12—1984. 7），江苏溧阳人，第三机械工业部计量检定所（现北京长城计量测试技术研究所，简称中航工业计量所）创建人。1931 年考入国民政府军政部兵工专门学校，1935 年毕业后留在金陵兵工厂（后改为兵工第 21 工厂）服务，先后任技术员、主任等职。1947 年 3 月随 21 厂厂长赴美实习考察。1949 年初，葛庭之毅然回到祖国，在 21 厂工务处任工程师兼生产科长。1952 年 12 月调任第二机械工业部第四研究所第六研究室工程师兼室主任；1957 年 6 月任第二机械工业部第六研究所（现中航工业航材院）第六研究室工程师兼室主任；1961 年 5 月任第三机械工业部计量检定所副总工程师、总工程师、顾问。在此期间，1956 年参加制订国家十二年科学研究规划；1959 年受聘为中华人民共和国科学技术委员会计量组组员。1964 年被选为中华人民共和国第三届全国人大代表。1984 年 7 月去世。

在抗美援朝战场上，由于武器制造量值不统一，曾多次发生严重事故，葛庭之受命筹建长度计量研究机构和量值统一工作，研制出一系列专用样板，并使之批量生产，满足了武器生产需要并在国防工业系统全面推广。之后他又根据计量系统需要，建立国防计量器具数据传递系统，在有条件的单位建立区域计量站，并亲自编写教材对从业人员进行培训，达到了把标准器量值逐级、准确地传递到产品上去的目的。他的这一开拓性工作，为其他类型计量工作的开展提供了宝贵经验。

1952 年为丰富和发展国防计量研究与传递系统，葛庭之和周祖彭、戴树智等被调来负责精密测量室和精密机械加工车间（计量检定所的前身）的设计和组建工作，葛庭之担任精测室主任。经过一年多艰苦努力，终于建成了一所初具规模的研究机构。不仅拥有一定的研究设计力量和可供科研的实验室和试验厂房，并自主研发建成 240 米^2 的恒温实验室（目前仍在使用）；而且分别从苏联、民主德国、捷克斯洛伐克等国家购进一批科研、生产所需的测量仪器和精密机床设备，如绝对光波干涉仪（柯氏干涉仪）、乌维尔斯基接触式干涉仪、万能显微镜、大型工具显微镜、小型工具显微镜、卧式万能测长仪、超级光学计和精密加工机床。经过安装调试，很快投入使用。这些仪器设

葛庭之生活照

备，当时在国内堪称一流水平。

精测室和精密加工车间试验厂房建成后，机床设备陆续进行安装调试，1954 年开始生产。在葛庭之的组织和带领下，研究室和车间紧密配合，开始样板试生产。为解决样板生产质量问题，经葛庭之等相关领导研究，决定从提高机械化入手，解决手工操作和技术水平不高的矛盾。一方面研究生产一些夹具，如正弦夹具、半圆弧夹具、分中夹具和螺纹量规、环规等；另一方面加强工艺管理，严格技术要求和质量检验工作。这样，生产出来的样板质量很快有了明显提高。样板机械化在生产中不仅使用方便，而且提高加工精度，深受工厂欢迎。二机部为此曾做出决定，在重点厂推广。这对保证军工产品量值统一、提高军工产品质量起到了积极作用。

随着国防工业的迅速发展，借助样板和夹具等手段来实现军工产品量值的统一逐渐不适应了，客观上要求尽快结束分散状态，建立集中的计量机构，以适应国防工业发展的需要。1961 年 3 月 7 日，国防工委和部领导决定建立计量检定所和精密机械研究所，对内设立一套机构，对外是两块牌子。计量检定所由葛庭之和任子珍负责筹建工作，他们将分散在各研究所中的长度、化学、质量、温度和应力等计量工作集中起来，于 1961 年 4 月 30 日完成了计量检定所的组建工作。

计量检定所成立后，首先碰到的难题是生产、试验、办公、生活用房非常紧张。葛庭之带领大家克服困难，办公室、财务和计划挤在一间房里办公；单身宿舍在不到 20 米^2 的房间内，架起上下铺，住十多个人，不少双职工老少三辈同住在一间房内；把山坡上的一座羊圈整修、扩大、消毒，因陋就简改造成食堂，一直使用到 1970 年。职工新婚夫妇不断增加，家属住房一年比一年紧张，就将 12 间马棚进行翻修，解决了 12 户职工家属住房的困难。

条件虽然艰苦，但在葛庭之和领导成员的带领下，全所职工意气风发，精神振奋，工作、学习劲头很高。一到晚上，办公室灯光明亮，很多人经常工作、学习到深夜。有的职工进所时只有小学程度，经过刻苦自学，达到大专水平。青年工人自觉利用业余时间苦练基本功，青年技术人员练试验技能。这批技术人员和工人，后来大都成了计量检定所的技术骨干。

在计量检定所创建初期，葛庭之作为主要负责人对工作认真负责，对技术精益求精，作风严谨、时刻想着基层。他虽然身患高血压病，但在处理关键测试数据时，仍连续几天不离开现场，直到写完分析报告后才去休息。每当基层加班加点工作时，他总要下去巡视，送饭送药到岗。由于他对国防计量事业做出的贡献，1964 年当选为中华人民共和国第三届全国人大代表。

葛庭之在“文化大革命”中受迫害致残，生活不能自理。1978 年平反昭雪，任所顾问。1984 年 7 月去世。

曹志仁

曹志仁（1921.10—　），山西静乐人，华阳电工厂（现贵州华阳电工厂，简称中航工业华阳）第一任党委书记。1939年5月投身到抗日队伍行列，1940年5月加入中国共产党。在抗日战争期间，历任山西省静乐县牺牲救国同盟会干事，青年救国会组织干事、主任，抗日救国联合会主任，静乐县县武装部游击大队队长、青教会主席、区武装委员会主任等职。在解放战争时期，任静乐县六区区长，后调山西省忻县工作。1949年3月随中国人民解放军南下，在湖南省平江县任秘书、税务局局长、平江县县长，后调湖南省湘潭专署任民政科科长，冶金部中南安装公司任党委书记、经理。1957年调湖南省冶金工业厅任基建处处长、钢铁处处长，湖南省冶金厅副厅长。1960年，调入航空工业系统从事工业企业基本建设及生产经营工作，同年他组织筹建了河北省国营惠阳机械厂（现中航工业惠阳），并任厂长兼党委书记。1963年12月，任江苏省国营苏州仪器厂党委书记兼厂长。1964年10月任华阳电工厂党委书记。1981年10月离休。

1964年10月，曹志仁响应党中央和毛主席的号召，临危受命，按照组织安排，率领苏州仪器厂的部分干部和职工奔赴贵州省山区，投入到艰苦卓绝的“三线”建设洪流中。在贵阳市小河地区废弃的旧厂房选定厂址，报三机部批准后创建275厂。后为加强新厂的技术力量，又由国营上海华林电器厂（现中航工业上电）调整部分职工和设备参与建设，275厂后改为华阳电工厂，曹志仁被三机部任命为华阳电工厂党委书记。

1965年初，工厂基建工作正式展开，摆在华阳电工厂创业者面前的是一片杂草丛生的山坡，只有一座废旧厂房孤零零地立在荒草中。面对这样的恶劣环境，曹志仁想到的不是面临的困难，而是组织的重托，祖国的军工需要。在员工动员大会上，他号召大家一定要不辜负组织的希望，要用自己的双手和坚强的革命意志，在这片贫瘠的土地上，创造出“当年设计、当年建厂、当年出产品”的奇迹，让党中央放心，让毛主席睡好觉。在曹志仁的带领下，华阳电工厂的第一批创业者们首先在草地上建起了一间间只能挡一挡风雨的席棚，这就是他们临时的家；还是他们，清晨迎着朝阳，傍

曹志仁工作照

晚踩着星光，他们既是设计师又是泥瓦工，每天绘制蓝图，挖土抬砖，砌墙上瓦，建造新居，几个月后，一排排整齐的“干打垒”小屋就矗立在了这片荒山坡上，虽然简陋，但它们却是华阳电工厂的第一批正式建筑，在大家的心目中，那就是华阳创业者的新居，是华阳辉煌历史的开始。

来自上海、苏州的机床设备陆续运来了，于是，工厂拥有的唯一一座废旧厂房就成为了华阳员工的主战场，在曹志仁的带领下，同志们全力以赴投入到了紧张的工作中。他们修补好了厂房的一个个漏洞，安装调试好了一台台机床设备。仅仅过了半年多的时间，华阳电工厂在曹志仁等同志领导下的第一批创业者的手中，从一个书面的概念变成了一只充满活力展翅欲飞的雄鹰。

那是1965年的金秋时节，在那座曾经破旧的厂房里，随着曹志仁和厂领导的一声令下，顿时马达飞转、机器轰鸣，这片穷山沟被震惊了，历史新的一页被揭开了。经过华阳电工厂全体员工的顽强拼搏，年底前，第一件诞生在贵阳穷山沟里的航空产品飞出了荒山，飞到了解放军指战员的手中。这是奇迹，是第一代华阳创业者在意想不到的困难面前创造的“当年设计、当年建厂、当年出产品”的奇迹，在这个奇迹中有曹志仁等同志作为华阳创业队伍领头人的一腔热血。

不管是在战争时期，还是解放后的社会主义建设时期，不管是担任什么职务，曹志仁都是深深地扑在第一线，奋战在最艰苦的地方。由于经常工作在恶劣的环境和长期的超负荷工作，40多岁的曹志仁患上了支气管炎和肺心病，但曹志仁不顾自己的身体不适，经常工作在革命战斗和创业建设的第一线，为新中国的航空工业做出了重大贡献。曹志仁于1981年10月离休。

刘子英

刘子英（1912.12—1992.9），河北博野人，航空喷气发动机研究所（现中国燃气涡轮研究院，简称中航工业涡轮院）首任党委书记。1937年10月参加革命，1938年2月加入中国共产党。1937年起历任冀中民军二团一连指导员、一营教导员、司令部机要秘书、一团政治处主任，民抗一纵队教导员，民抗政治部宣传科科长，冀中六分区政治部主任。曾参加过阜平、讨伐朱怀宾、反日寇“五一”大扫荡、赵县扬庄、赵县大寺里等战斗。1945年后曾任晋察冀经理学校副校长，晋察冀军分区政治部副主任。1950年后任华北军区后勤卫生政治部主任、副政委、代政委，华北军区师范学校校长，长春防空军技术学校校长等职。1955年获得二级独立自由勋章、二级解放勋章，并被授予上校军衔。1958年转业，任航空研究院航空材料研究所（现中航工业航材院）政治委员兼党委书记，1965年1月任航空喷气发动机研究所政治委员兼党委书记，1980年任航空材料研究所顾问。1988年获航空工业部颁发的“献身航空工业三十年”荣誉证书，1990年评为部先进离休老干部。1982年离休，1992年9月去世。

1965年1月，国家做出重大战略决策，在西南大三线建设航空发动机试验研究基地。刘子英受命任航空喷气发动机研究所的政治委员和临时党委书记。1965年4月26日，刘子英亲自带领18名同志（群众尊称他们为“十八勇士”）从北京来到建所现场，积极迅速地展开了建所的筹备工作。当时的现场一片荒凉，道路崎岖，交通不便，工作条件和生活条件都很不好。为此，刘子英便在临时驻地的民房大门上亲手写下了“艰苦奋斗，勤俭建国”八个大字。为了打开工作局面，刘子英把当时调到研究所工作的党政干部、机关工作人员以及分配来的大中专学生组织成一支建设大军，希望大家以山区为家、以艰苦为荣、以事业为重。其间，年过半百的刘子英，在身体不太好，还患有肺气肿病的情况下，仍然和大家一起参加劳动。整个现场在他的带领和影响下，同志们干得热火朝天，很快就完成了“三通一平”（水通、路通、电通、场平）任务，并把职工的生活也初步安顿下来，为以后基本建设的全面铺开打下了良好的基础。

刘子英（中）生活照

刘子英工作作风扎实，办事果断，治所严谨。建所工作全面铺开后，为了建设一个作风好、基础好的研究所，1965 年 7 月，在江油县县委招待所，刘子英主持召开了研究所的第二次临时党委会。会议研究了所的定点布局、基本建设、设备设计、五年设想和党政建设等重大问题，统一了认识，并在会上确立了“建所先建人，建人先建思想，学大庆两论起家，走井冈山道路，继承延安作风，发扬艰苦奋斗，自力更生，培养出一支又红又专的科技队伍”的建所方针和指导思想。他要求各级领导，要用建所方针宣传群众、组织群众、动员群众积极参加所的各项建设工作。会上，他还提出了“尊师重道、虚心求教、善于求靠”和“头要低一点、嘴要勤一点、腿要快一点”的谦虚谨慎的工作态度，积极诚恳地与地方政府及各协作单位搞好关系。

刘子英作风正派，生活俭朴，廉洁自律，他在工作现场很少坐办公室，每天都深入到工作现场的每一个角落。从中坝、水口庙、松花岭、观雾山到甘溪，他都是步行往返，肚子饿了就啃冷馒头、喝凉水，建所现场处处都留下了他的足迹和身影。他倡导勤俭建所，规定办公室不配沙发，不配写字台，不用高级轿车。大家都称他是职工的好领导，人民的好公仆。

刘子英很重视思想政治工作。建所初期，现场的条件非常艰苦，用水要担，烧柴要四处去找；日晒雨淋，稀泥烂坑，工作要坚持进行。于是，有同志编了一句顺口溜：“山清水秀房子漏，鸟语花香厕所臭。”这是当时环境条件的真实写照。刘子英经常跟大家说："越是困难，越要做好同志们的思想工作，抓好学习、抓好生活，关心群众。"针对当时的艰苦条件，他狠抓毛主席著作和中央关于三线建设方针政策的学习，使参加建所的同志都理解和懂得国家三线建设的重要性，懂得建所的重要性。

1965—1966年，刘子英先后派出各级领导干部组成的5个工作组到民工连队蹲点，与民工兄弟同吃、同住、同劳动，做深入细致的思想工作，并帮助他们解决生活上的困难。他要求思想工作抓渗透，各级领导干部要深入基层，深入到各设备设计点上做好同志们的思想工作。发现问题，及时帮助解决处理，从而保持了同志们旺盛的工作热情。对于在学习和各项工作任务中涌现出来的好人好事，进行大力表彰。这些做法，对保证和促进当时各项工作任务的完成，起到了很大的推动作用。

刘子英一心扑在工作上，抓基建、抓设备设计，抓学习、抓思想工作，节假日也很少休息。1966年"文化大革命"开始，建所工作受到了很大冲击。眼看着各项工作要停下来，他心急如焚，一边接受群众的批判，一边积极地抓工作。1969年，他成为高空台建设领导小组成员以后，夜以继日地拼命工作，在短短的几个月里，写出了《关于高空台建设的调查材料》。

1980年刘子英调航空材料研究所工作。1982年离休，1992年9月去世。

苗逢润

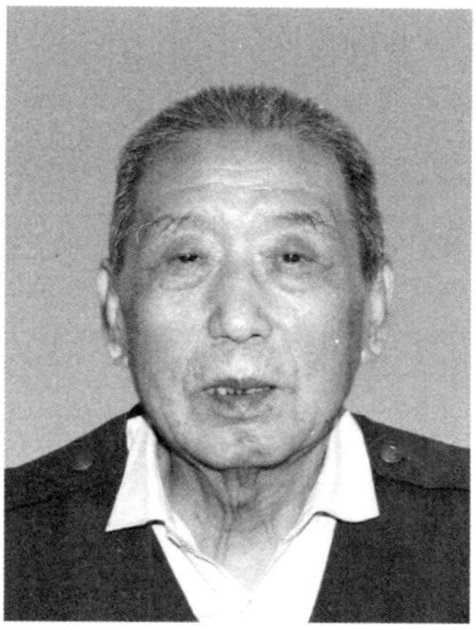

苗逢润（1920. 2—2009. 10），山西襄垣人，航空喷气发动机研究所（现中国燃气涡轮研究院，简称中航工业涡轮院）首任所长。1936年5月在山西襄垣下良镇加入牺牲救国同盟会，1937年9月在山西沁县加入决死队任侦察连副连长，1940年1月光荣加入中国共产党。1940年2月先后在太岳同蒲游击队二支队、太岳三军分区司令部、太岳军区13旅68团任参谋，参加了洪洞赵家堡、老王沟、临汾洪洞车站等一系列战斗。1946年6月先后在四纵队、河南军区参谋科任副科长、科长。1950年调河南军区警二旅六团任副团长，同年11月调独立16团任团长。1951年4月，调洛阳军分区任副参谋长、分区委员，同年9月调空军24师任副参谋长、师党委委员。1952年进入南京军事学院空军系学习，成为我国空军高级指挥人员的第一期学员，留校任系训练处副处长，1958年调空军学院任训练部教务处处长、支部书记。1955年被授予三级独立自由勋章和三级解放勋章。1962年8月调航空研究院第二研究所（现中航工业动力所）任副所长，1965年1月调四川江油任航空喷气发动机研究所任所长、党委书记。1988年获航空工业部颁发的“献身航空三十年”荣誉证书。1985年11月离休，2009年10月去世。

1962年8月，苗逢润被任命为航空研究院第二研究所副所长，从此开始在航空工业战线上奋斗、拼搏。1965年1月又肩负重任，调四川江油任新组建的第三机械工业部航空喷气发动机研究所所长。

苗逢润来到这里的时候，松花岭至甘溪一带还是重峦叠嶂、人烟稀少的荒山野岭。他们用苇席、竹竿在观雾山下、平通河两岸安营扎寨，开始了艰苦卓绝的建设。基本建设时期的头几年，苗逢润身先士卒，与大家一样住席棚、点油灯、喝山泉，领着大家跋山涉水、拓荒开路，抬电杆、架电线、修公路。通过人抬肩扛，趟过湍急的河水、翻过一座座山坡，将成吨的建材、一两百千克重的电杆运送到施工现场。在苗逢润的倡导和带动下，研究所开展了长达数年的义务劳动。他与参加义务劳动的干部、职工一样，一副帆布手套、一把铁锹，肩上一副垫肩，与大家一起装运沙石。现位于涡轮院试验基地海拔858米最高峰的白山电视插转台，就是凭借义务劳动建起来的。

建所初期，所党委提出“先生产、后生活”的口号。即便在那个物资生活资料匮乏的时代，苗逢润还是千方百计为群众解决一些生活上的困难。义务劳动初期，大家是自带干粮，后来职工食堂给每个人发两个馒头。在那个粮食要凭购粮证或粮票定额供应的年代，他为这件事付出了很大努力。当时，大部分职工、家属住在席棚里，后来开始建“干打垒”住房。为使这种简易的住房安全、适用，苗逢润多次带人到附近的三线单位去学习、取经。

深入现场、深入实际是苗逢润的一贯工作作风。设备、器材到了水口庙总库后，以至后来的转运、安装、调试，他都要和技术、基建、动力、管理、后勤和办公室等机关领导一道去查看。他经常带着机关人员一起去现场办公。这些时候，有关的各个部门负责人都得到场，汇报自己所承担的工作和完成的进度；是谁的问题就由谁负责解决，在现场解决不了的，也要当场提出解决办法。

由于历史原因，高空台建设多次易址、两次进洞出洞，历经了6年的曲折。开始的选址在甘溪黑沟，并决定打洞；由于场地狭窄，无法布置庞大的设备系统，后来迁址到任家坝。工程兵部队在任家坝下面的龙漩湾施工打洞，历经2年零6个月只打出所需总量的6%。当时，航空业界就有专家、学者指出：高空台设备进洞，无法解决高温、高湿、噪声等问题。在高空台选址与进洞的问题上，苗逢润通过集中大多数专家的意见，综合考虑高空台设备系统需要的地理条件，提出在任家坝相对集中的布局方

苗逢润（前排左三）与苏联专家合影

案，最终被上级采纳。

20 世纪 70 年代初，高空台进入相对稳定的设计、建设时期。由于高空台设备庞大，种类繁多，技术要求高，因而加工、安装工作量大。苗逢润担任现场指挥部主任，组织完成了零部件试验设备、机械加工设备、天然气站、水泵房、变电站、空压站以及管道的建设安装。指挥完成了高空舱加工任务并安全运抵安装现场。1975 年，为完成高空台总体工程的安装和气压机组主体设备及气压机组总体设备的安装，以及 11 套零部件的调试，再次组织大会战，苗逢润任会战总指挥，以最快的速度，高质量地实现了安装工作的目标。

为做好高空台一期工程直接排大气的联合调试，他作为现场指挥长夜以继日地与广大科技工作者在一起。他注重对年轻科技工作者的大胆培养，大胆启用人才，使一大批科技人员成为高空台建设的中坚力量，为 1986 年高空台直接排大气联合调试成功、高空台部分提前投入使用奠定了扎实的基础，也为 1995 年高空台通过国家验收正式投入使用，被评为 1995 年全国十大科技成就奖，1997 年高空台被评为全国科技进步特等奖奠定了坚实的基础。

苗逢润 1980 年任党委书记，1983 年任所顾问。1985 年 11 月离休，2009 年 10 月去世。

张　经

张经（1922.11—2008.11），河南新安人，三江机械厂（现宜宾三江机械有限责任公司，简称中航工业三江）首任厂长、党委书记。1939年参加革命，在抗日军政大学六分校任学员，同年10月加入中国共产党。1940年3月任《新华日报》太南办事处科员；1941年3月—1943年2月，任太行交通四分局科长；1943年3—8月，任潞城县交通局局长；1943年9月调入太行交通第七督察处任督察长；1945年任太行交通第八分局副局长；1946年任泌阳交通局局长；1947年2月—1949年8月，任太行第四区邮政办事处主任；1949年9月—1951年11月，任安阳市邮政局局长；1953年调任河南省邮电管理局办公室副主任、省邮电工会副主席；1960年10月—1964年12月，任国营平原机器厂（2004年10月与国营豫北机械厂、国营豫新机械厂、国营巴山机械厂重组整合为新乡航空工业集团有限公司，简称中航工业新航）厂长；1965年1月—1967年1月，调国营三江机械厂任厂长兼党委书记；1976年4月—1981年11月，任厂党委书记；1981年12月调到四川省第三机械局任副局长。1983年3月离休，2008年11月去世。

1964年6月，党中央在北京工作会议上提出了一、二、三线的战略布局和建设大“三线”的方针。平原机器厂厂长张经受命领导包建三江机械厂工作。在张经带领下，建设单位和工厂职工日夜奋战，克服工期短，时间紧，条件差，地质情况复杂等种种困难，从1965年3月15日到年底，工厂不仅基建竣工验收，而且还完成了6项航空产品的转厂生产任务和400套航空产品批量生产任务，实现了当年设计、当年破土动工、当年建成投产的目标，建设工期缩短了一年的时间。为航空工业三线建设积累了成功的经验，为航空工业的发展谱写了新的篇章。建厂初期，张经作为工厂主要领导者，领导和参与了建厂及工厂初期的生产经营工作，为工厂的持续发展做出了重大贡献。

“文化大革命”期间，张经坚持原则，极力维护工厂的正常生产经营，受到迫害。“文化大革命”结束后，张经重新回到了工厂领导岗位，担任工厂党委书记，在他的领导下，工厂积极开展揭批查和落实政策工作，调动了职工的积极性。他身先士卒，带

张经北戴河疗养照

领广大职工积极投身到工厂的恢复性建设中。1977 年工厂摘掉了亏损的“帽子”，各项经济指标趋于好转，到 1979 年，工厂各项经济技术指标达到并超过历史最好水平。军品研制和批生产迅速发展，在转厂试制、测绘仿制、改进改型的基础上，自行设计研制定型了一批产品。同期，在“军民结合、平战结合、以军为主、以民养军”的方针指引下，工厂积极拓展民品开发，成功为五粮液酒厂试制了机械制曲机，为民航研制生产了“三叉戟”、波音等进口客机零配件。扩大了工厂的产品领域，提高了经济效益。这一时期，张经和工厂领导班子还积极致力于生产设施建设和改善职工的生活水平。完成了工具库、大流量实验室、天然气工程及厂房翻修等项目；新建职工医院、幼儿园、浴室、职工宿舍楼等，不仅满足了生产需求，还大大改善了职工的生活条件，稳定了职工队伍，为工厂今后的发展、壮大奠定了基础。1980 年 4 月和 6 月，工厂分别被四川省委、国务院三机部授予“大庆式企业”称号。

因工作需要，张经于 1981 年 11 月调到四川省第三机械局任副局长。1983 年 3 月离休，2008 年 11 月去世。

后　记

《中国航空工业人物传》是《中国航空工业史丛书·人物·史料资料》的重要组成部分，它真实地记录了中国航空工业60多年来航空人的突出代表，这些代表是“航空报国”精神的创造者和传承者。

《中国航空工业人物传》又分为《领导篇》《专家篇》和《英模篇》，每篇还有分册。它们将分别记载航空工业的创建者、领军人物、专家学者、科研人员和技能人才的主要事迹。编辑本书的意愿是想通过这些人物的事迹，让后来者知道今天的成就来之不易，今后的任务将更繁重、更具有挑战性和吸引力，从而通过我们的双手、用我们的智慧，将航空报国精神发扬光大，真正达到强军富民的目的。

在《中国航空工业人物传》的编撰过程中，我们得到了方方面面的支持，特别是入选《中国航空工业人物传》人物所在单位，或是入选人物曾经工作过的单位，都给予了极大的帮助。他们或者找当事人回忆，或者找档案资料，或者找有关人物家属子女了解情况，他们的工作同样辛苦而有效。在编撰时，我们也查阅了《中国航空工业四十年》《当代中国的航空工业》《航空工业人物》《航空人物志》《航空工业史料》《航空春秋》《中国航空史》《中国飞机》和《中国航空工业院士丛书》等著作，还调阅了大量企事业单位撰写的厂史、所史，有关单位的航史编修办公室、党委宣传部、办公室、档案馆（室）、老干部离退休办等部门的同志们也做了大量的工作。在这里我们一并表示感谢！

《中国航空工业人物传》虽然陆续出版，由于我们工作水平有限，可能挂一漏万，也可能出现一些错误，恳请当事人和广大读者及时指出，以便我们在今后的编辑中加以改正。《中国航空工业人物传·领导篇2》《中国航空工业人物传·领导篇3》汇集了1980年之前创立的各企事业单位的创建人，各单位名称都沿用了创建初期的名称，人员排列顺序以任职时间先后为准。本书策划王荣阳，统筹李雨农，编撰邓莉华、廉洁，审阅李长江。

中国航空工业史编修办公室

2012年9月